Arbeitsheft

Medizinische Fachangestellte

Lernfelder 1 – 4

von
Andrea Hinsch
Ingrid Loeding

Verlag Handwerk und Technik · Hamburg

ISBN 978-3-582-58201-0
Best.-Nr. 58201
Arbeitsheft – 1. Auflage

ISBN 978-3-582-58202-7
Best.-Nr. 58202
Arbeitsheft mit Lösungen – I/1. Auflage

ISBN 978-3-582-58203-4
Best.-Nr. 58203
eLöser zum Arbeitsheft – I/1. Auflage

Verlag Handwerk und Technik GmbH,
Lademannbogen 135, 22339 Hamburg; Postfach 63 05 00, 22331 Hamburg – 2020
E-Mail: info@handwerk-technik.de – Internet: www.handwerk-technik.de

Satz und Layout: PER MEDIEN & MARKETING GmbH, 38102 Braunschweig
Umschlagmotiv: Hauptbild: stockfour/shutterstock.com; Randspalte links: 1 VRD/stock.adobe.com; 2 Robert Kneschke/stock.adobe.com; 3 Yuganov Konstantin/shutterstock.com
Druck: Elbe Druckerei Wittenberg GmbH, 06896 Lutherstadt Wittenberg

Inhaltsverzeichnis der Arbeitsblätter (AB)

Lernfeld 1: Im Beruf und Gesundheitswesen orientieren

AB 1 BOV/WISO: Schweigepflicht ... 5
AB 2 BOV/WISO: Schweigepflicht und Datenschutz ... 6
AB 3 BOV/WISO: Berufsbildungsgesetz, Ausbildungsordnung und Ausbildungsvertrag ... 7
AB 4 BOV/WISO: Ausbildungsvertrag ... 8
AB 5 BOV/WISO: Jugendarbeitsschutzgesetz ... 9
AB 6 BOV/WISO: Mutterschutzgesetz, Bundeselterngeldgesetz und Elternzeitgesetz ... 10
AB 7 BOV/WISO: Arbeitsschutz und Schutzmaßnahmen ... 11
AB 8 BOV/WISO: Haftung ... 12
AB 9 BOV/WISO: Interessensvertretungen und berufsständische Organisationen ... 13
AB 10 BOV/WISO: Fachworttrainer Gesundheitswesen ... 14–15

Lernfeld 2: Patienten empfangen und begleiten

AB 1 BA: Grundlagen der medizinischen Fachsprache I ... 16
AB 2 BA: Grundlagen der medizinischen Fachsprache II ... 17
AB 3 BA: Ebenen des menschlichen Körpers, Lage- und Richtungsbezeichnungen, Lage der Organe ... 18
AB 4 BA: Ärztliche Fachrichtungen ... 19
AB 5 BA: Organe, Aufgaben der Organe, ärztliche Fachrichtungen ... 20–21
AB 6 BOV/WISO: Gesundheitswesen ... 22
AB 7 BOV/WISO: Gesundheitsinstitute, Praxisformen ... 23
AB 8 BOV/WISO: Botschaften in der Kommunikation ... 24
AB 9 BOV/WISO: Kommunikation bei Telefongesprächen ... 25
AB 10 BOV/WISO: Kommunikationsfehler ... 26
AB 11 BOV/WISO: Sozialversicherungen ... 27
AB 12 BOV/WISO: Unfallversicherung, gesetzliche und private Krankenversicherung ... 28
AB 13 BOV/WISO: Gesetzliche Krankenversicherung ... 29
AB 14 BOV/WISO: Elektronische Gesundheitskarte ... 30
AB 15 BOV/WISO: Grundlagen der ärztlichen Abrechnung ... 31
AB 16 BOV/WISO: Behandlungsvertrag ... 32
AB 17 BOV/WISO: Aufklärungspflicht ... 33
AB 18 BOV/WISO: Einsichtsrecht des Patienten, Dokumentations- und Aufbewahrungspflicht des Arztes ... 34
AB 19 BOV/WISO: Anzeige- und Meldepflicht ... 35
AB 20 BOV/WISO: Pflichten des Patienten ... 36
AB 21 BOV/WISO: Karteiführung ... 37
AB 22 BOV/WISO: Karteiordnung ... 38
AB 23 BOV/WISO: Fachworttrainer Grundlagen I ... 39
AB 24 BOV/WISO: Fachworttrainer Grundlagen II ... 40

Lernfeld 3: Praxishygiene und Schutz vor Infektionskrankheiten organisieren

AB 1 BA: Krankheitserreger ... 41
AB 2 BA: Bakterien und Viren ... 42
AB 3 BA: Viren und Pilze ... 43
AB 4 BA: Infektionskrankheiten ... 44
AB 5 BA: Übertragungswege ... 45
AB 6 BA: Hepatitis B ... 46
AB 7 BA: Meldepflicht ... 47
AB 8 BA: Impfungen I ... 48
AB 9 BA: Impfungen II ... 49
AB 10 BA: Impfungen in der Diskussion ... 50
AB 11 BA: Praxishygiene, Desinfektionsplan ... 51
AB 12 BA: Medizinprodukte, persönliche Hygiene ... 52
AB 13 BA: Arbeits- und Schutzkleidung, Händedesinfektion ... 53
AB 14 BA: Einreibemethode, chirurgische Händedesinfektion ... 54
AB 15 BA: Chirurgische Händedesinfektion, Instrumentendesinfektion ... 55
AB 16 BA: Instrumentendesinfektion ... 56
AB 17 BA: Flächendesinfektion, Verbandswechsel ... 57
AB 18 BA: Sterilisation, Abfallentsorgung ... 58
AB 19 BA: Hygienerisiken ... 59
AB 20 BA: Fachworttrainer Praxishygiene ... 60

Lernfeld 4: Bei Diagnostik und Therapie von Erkrankungen des Bewegungsapparates assistieren

AB 1 BA: Eigenschaften, Aufbau und Aufgaben von Zellen ... 61
AB 2 BA: Viren, Meiose und Mitose ... 62
AB 3 BA: Gewebearten ... 63
AB 4 BA: Muskelgewebe und Epithelgewebe ... 64
AB 5 BA: Störungen von Zellen und Geweben, Krankheitsursachen ... 65
AB 6 BA: Akute und chronische Erkrankungen, Entzündungen ... 66
AB 7 BA: Entzündungen, Zellveränderungen ... 67
AB 8 BA: Tumore, Zirkulationsstörungen ... 68
AB 9 BA: Fachworttrainer Zellen und Gewebe I ... 69
AB 10 BA: Fachworttrainer Zellen und Gewebe II ... 70
AB 11 BA: Skelett, Orientierungsbezeichnungen, Richtungsbezeichnungen ... 71
AB 12 BA: Röhrenknochen, Knochenformen ... 72
AB 13 BA: Schädel ... 73
AB 14 BA: Schädel und Brustkorb ... 74
AB 15 BA: Gelenke ... 75
AB 16 BA: Obere Extremität ... 76
AB 17 BA: Untere Extremität ... 77
AB 18 BA: Extremitäten und Becken ... 78
AB 19 BA: Wirbelsäule I ... 79
AB 20 BA: Wirbelsäule II ... 80
AB 21 BA: Skelett ... 81
AB 22 BA: Fachworttrainer Halte- und Bewegungsapparat ... 82
AB 23 BA: Erkrankungen des Skelettsystems ... 83
AB 24 BA: Frakturen ... 84
AB 25 BA: Frakturen, Bandscheibenvorfall und Schleudertrauma ... 85
AB 26 BA: Osteoporose ... 86
AB 27 BA: Arthrose, rheumatisch-entzündliche Krankheiten, rheumatoide Arthritis ... 87
AB 28 BA: Morbus Bechterew, Fibromyalgie, Fußfehlstellungen ... 88
AB 29 BA: Fachworttrainer Erkrankungen des Skelettsystems ... 89
AB 30 BA: Ultraschalluntersuchungen ... 90
AB 31 BA: Endoskopien ... 91
AB 32 BA: Röntgen ... 92
AB 33 BA: Szintigrafie, MRT, Strahlenschutz ... 93
AB 34 BA: Strahlenschutz ... 94
AB 35 BA: Fachworttrainer apparative diagnostische Verfahren ... 95
AB 36 BA: Physikalische therapeutische Verfahren ... 96
AB 37 BA: Kältetherapie, Elektrotherapie ... 97
AB 38 BA: Elektrotherapie, Lichttherapie ... 98
AB 39 BA: Lasertherapie, Inhalationstherapie ... 99
AB 40 BA: Ultraschalltherapie; Fachworttrainer physikalische therapeutische Verfahren ... 100
AB 41 BA: Injektionen, Injektionstechniken ... 101
AB 42 BA: Injektionsarten, Regeln und Fehler bei Injektionen ... 102
AB 43 BA: Injektionen s.c. und i.m. ... 103
AB 44 BA: Injektionen nach von Hochstetter, Injektionen i.v. ... 104
AB 45 BA: 6-R-Regel und Hygiene bei der Injektion, Durchführung einer Infusion ... 105
AB 46 BA: Materialien für eine Infusion, Risiken einer Infusion ... 106
AB 47 BA: Fachworttrainer Injektion und Infusion ... 107
AB 48 BA: Verbandsarten ... 108
AB 49 BA: Verbände anlegen, Heil- und Hilfsmittel ... 109
AB 50 BA: Arzneimittel ... 110
AB 51 BA: Arzneimittelformen, Applikationsarten, Nebenwirkungen ... 111
AB 52 BA: Umgang mit Arzneimitteln ... 112
AB 53 BA: Fachworttrainer Arzneimittelgruppen; alternative Arzneimitteltherapien ... 113

Schneidebogen für Seite 11 ... 115
Schneidebogen für Seite 14/15 ... 117
Schneidebogen für Seite 17 ... 119
Schneidebogen für Seite 89 ... 121

Bildquellenverzeichnis ... U3

AB 1 Schweigepflicht

1. Entscheiden Sie, ob die folgenden Aussagen zur Schweigepflicht richtig oder falsch sind. Kreisen Sie die richtigen Buchstaben ein. Bei richtiger Lösung ergibt sich ein Lösungswort.

		Richtig	Falsch
1	Bei Meldungen nach dem Infektionsschutzgesetz ist der Arzt nicht an die Schweigepflicht gebunden.	N	K
2	Der behandelnde Arzt darf keine Auskünfte an den mitbehandelnden Arzt geben. Dieser muss alle wichtigen Informationen vom Patienten selbst bekommen.	B	E
3	Die Schweigepflicht gilt über den Tod eines Patienten hinaus.	G	L
4	Das Strafgesetzbuch legt fest, dass ein Bruch der Schweigepflicht mit Geldbuße oder Freiheitsstrafe bestraft werden kann.	E	A
5	Bei Minderjährigen unter 18 Jahren ist der Arzt gegenüber den Eltern nicht an die Schweigepflicht gebunden.	V	S
6	Die Schweigepflicht besteht nicht gegenüber Ehepartnern oder Familienmitgliedern des Patienten.	O	M
7	Bringt der Patient eine Vertrauensperson mit in das Sprechzimmer, dann muss der Arzt sich die Entbindung von der Schweigepflicht vom Patienten unterschreiben lassen.	R	S
8	Der Polizei gegenüber muss der Arzt über alle Belange des Patienten Auskunft geben.	D	I
9	Auskünfte über den Patienten an Krankenkassen dürfen nicht erfolgen.	K	E
10	Die Schweigepflicht gilt z. B. für die persönlichen Daten des Patienten, den Grund der Behandlung und Diagnosen, aber auch für familiäre oder wirtschaftliche Probleme des Patienten.	I	A
11	Die Schweigepflicht ist wichtig, damit der Patient Vertrauen zum Arzt haben kann und ihm vollständige und wahrheitsgemäße Auskunft gibt.	H	P

Lösungswort:

3	9	11	4	8	6	1	10	5	7	2

AB 2 Schweigepflicht und Datenschutz

1. Leider passieren immer wieder Fehler bei der Einhaltung des Datenschutzes in der Praxis. Welche Fehler werden hier gemacht, die gegen den Datenschutz verstoßen?

> Lisa-Marie ist die neue Auszubildende in der Praxis von Herrn Dr. Kammer. Heute soll sie in der Anmeldung die Arztberichte für die Ablage sortieren. Der besseren Übersicht wegen legt sie diese in alphabetischer Reihenfolge auf der Anmeldung ab. Gleichzeitig melden sich hier Patienten für die Sprechstunde an. Ihre Kolleginnen nehmen die Anmeldung der Patienten entgegen, telefonieren zwischendurch mit Patienten und geben ihnen Auskunft über Laborbefunde und die Einnahme von Medikamenten.
> Herr Dr. Kammer kommt in die Anmeldung und klagt darüber, dass die Karteikarten der im Sprechzimmer wartenden Patienten nicht auf dem Bildschirm erscheinen. Lisa-Marie geht daraufhin in das Sprechzimmer und ruft die Patientenakte auf. Sie lässt den Bildschirm angeschaltet, damit Herr Dr. Kammer gleich sieht, welchen Patienten er vor sich hat.

Leiten Sie aus der geschilderten Situation vier Regeln zur Einhaltung des Datenschutzes in der Praxis ab.

2. Kreuzen Sie an, in welchen Fällen die Schweigepflicht gebrochen wurde.

- ○ Sie treffen einen Patienten Ihrer Praxis beim Einkaufen. Dieser schildert Ihnen, dass die Tabletten gut helfen und sich sein Hautausschlag wesentlich gebessert hat.
- ○ Sie melden eine Erkrankung nach dem Infektionsschutzgesetz.
- ○ Sie teilen den Eltern einer 18-jährigen Patientin mit, dass der HIV-Test bei dem Freund ihrer Tochter positiv ist.
- ○ Der Arzt informiert den Ehemann einer Patientin, die in der Praxis bewusstlos zusammengebrochen ist und in ein Krankenhaus eingeliefert werden muss.
- ○ Sie telefonieren mit der Mutter einer 16-jährigen Patientin und teilen dieser mit, dass der Arzt ihrer Tochter die Anti-Baby-Pille verschrieben hat.
- ○ Ihr Arzt informiert die Polizei, weil er den Verdacht hat, dass ein 4-jähriges Kind von seinen Eltern misshandelt wird.
- ○ Ihre beste Freundin (auch MFA) erzählt Ihnen, dass ein berühmter Sänger in ihrer Praxis behandelt wird. Sie erzählen aufgeregt, dass Sie diesen Sänger kennen und dass seine Frau bei Ihnen in der Praxis behandelt wird.

AB 3 Berufsbildungsgesetz, Ausbildungsordnung und Ausbildungsvertrag

1. Entscheiden Sie, welche Regelung zur Berufsausbildung im Berufsbildungssetz (BBiG) oder in der Ausbildungsordnung (AO) steht. Kreisen Sie die richtigen Buchstaben ein.
Die richtigen Lösungen ergeben ein Lösungswort.

		BBiG	AO
1	Die Inhalte des Ausbildungsvertrags müssen schriftlich niedergelegt werden.	F	Ä
2	Es ist festgelegt, dass ein schriftlicher Ausbildungsnachweis geführt werden muss.	K	R
3	Der Betrieb/die Praxis muss die Auszubildende/den Auszubildenden für den Besuch der Berufsschule freistellen.	U	B
4	Nur wer fachlich und persönlich geeignet ist, darf ausbilden.	P	M
5	Die Dauer und Inhalte der Ausbildung werden festgelegt.	Ü	G
6	Die festgelegten Regelungen gelten für alle dualen Berufsausbildungen.	N	L
7	Es werden die Anforderungen an die Abschluss- und Zwischenprüfungen festgelegt.	W	Ü

Lösungswort:

4	2	7	1	3	6	5

2. Das BBiG legt die zuständigen Stellen für die Berufsausbildung fest.
Für den Beruf der MFA sind das die Ärztekammern.
Welche Aufgaben haben diese bei der Ausbildung von MFA? Nennen Sie mindestens drei Aufgaben.

____

____

____

____

____

____

____

3. Kreuzen Sie an, welche der folgenden Angaben in einem Berufsausbildungsvertrag geregelt sein müssen.

		Ja	Nein
1	Gliederung und Ziel der Ausbildung		
2	Dauer der regelmäßigen täglichen Arbeitszeit		
3	Kostenbeteiligung an Arbeitsmaterialien		
4	Dauer des Jahresurlaubs		
5	Verpflichtung, nach der Ausbildung in der Praxis zu bleiben		

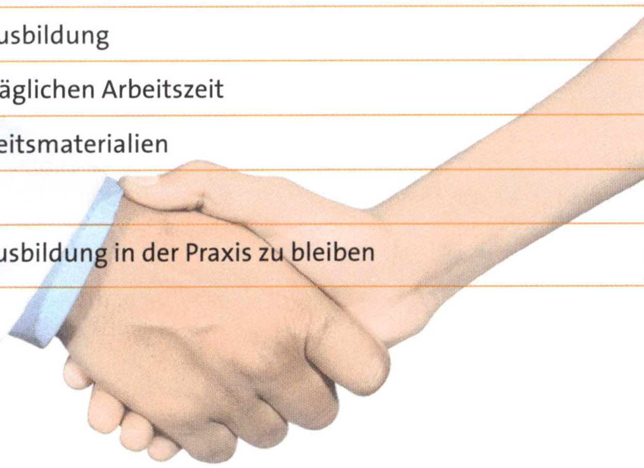

AB 4 Ausbildungsvertrag

1. Ordnen Sie die folgenden Pflichten der Ausbilderin/dem Ausbilder oder der Auszubildenden/dem Auszubildenden zu, indem Sie die Aussagen unterschiedlich farbig verbinden.

Pflichten der Ausbilderin/des Ausbilders

Pflichten der Auszubildenden/des Auszubildenden

- Bereitstellung von Ausbildungsmitteln
- Sorgfaltspflicht
- Pflicht zum Berufsschulbesuch
- Schweigepflicht
- Ausbildungspflicht
- Pflicht, einen Ausbildungsnachweis zu führen
- Pflicht, ein Zeugnis auszustellen
- Freistellung für den Berufsschulbesuch
- Pflicht zur Zahlung der Ausbildungsvergütung
- Fürsorgepflicht

2. Ein Ausbildungsvertrag kann nur unter bestimmten Voraussetzungen aufgelöst werden. Entscheiden Sie, ob in den folgenden Fällen korrekt gehandelt wurde. Kreisen Sie die richtigen Buchstaben ein. Die richtigen Lösungen ergeben ein Lösungswort.

		Richtig	Falsch
1	Eine MFA hat aus der Geldbörse eines Patienten Geld gestohlen. Ihr Ausbilder kündigt sie fristlos.	I	K
2	Ein Ausbilder verlängert die Probezeit ohne Angabe von Gründen auf 6 Monate und kündigt nach 5 ½ Monaten fristlos.	E	F
3	In der Probezeit darf der Ausbildungsvertrag vom Ausbilder und von der Auszubildenden ohne Angabe von Gründen aufgelöst werden.	P	R
4	Möchte eine auszubildende MFA im 2. Ausbildungsjahr nicht weiter MFA lernen, kann sie den Ausbildungsvertrag mit einer 4-Wochen-Frist kündigen.	C	A
5	Eine Lösung des Ausbildungsvertrages kann in der Probezeit nur aus wichtigen Gründen erfolgen.	B	T
6	Der Ausbildungsvertrag wird vom Ausbilder in einem Gespräch mit der Auszubildenden mündlich aufgelöst.	W	L
7	Eine Ausbilderin löst einen Ausbildungsvertrag, weil die Auszubildende nachweislich die Schweigepflicht gebrochen hat.	H	Z

Lösungswort:

3	2	6	1	4	7	5

AB 5 Jugendarbeitsschutzgesetz

1. Setzen Sie die unten vorgegebenen Zeitangaben in die Textlücken ein, sodass die Aussagen dem Jugendarbeitsschutzgesetz entsprechen.

| 30 Minuten | 60 Minuten | 5 Unterrichtsstunden | 8 Stunden | 10 Stunden | 12 Stunden |
| 40 Stunden | 27 Werktage | 6 Uhr | 20 Uhr |

Nach dem Jugendarbeitsschutzgesetz (JArbSchG) sind z. B. Akkord- und Fließbandarbeiten für Jugendliche verboten. Für den Besuch der Berufsschule muss der Jugendliche freigestellt werden. Ein Berufsschultag von mehr als ______________ gilt als ein ganzer Arbeitstag. Die Arbeitszeit eines Jugendlichen unter 18 Jahren soll höchstens ______________ am Tag und maximal ______________ in der Woche betragen. Bei Schichtarbeit darf die Arbeitszeit einschließlich der Pausen nicht mehr als ______________ betragen. Zwischen zwei Arbeitstagen müssen mindestens ______________ Freizeit liegen. Bei einer Arbeitszeit von mehr als sechs Stunden muss die Pause ______________ betragen, bei einer Arbeitszeit von viereinhalb bis sechs Stunden ______________. Eine Beschäftigung vor __________ morgens und __________ abends ist nach dem JArbSchG nur in wenigen Ausnahmefällen erlaubt. Der Urlaubsanspruch richtet sich nach dem Alter des Jugendlichen: Ist er zu Beginn des Kalenderjahres z. B. noch nicht 17 Jahre alt, dann erhält er ______________ Urlaub.

2. Welche Personen gelten nach dem JArSchG als Kinder?

____

____

3. Welche Tätigkeiten dürfen Kinder unter 15 Jahren beispielsweise ausüben?

____

____

____

____

AB 6 Mutterschutzgesetz, Bundeselterngeldgesetz und Elternzeitgesetz

1. Entscheiden Sie, in welchem Gesetz die folgenden Aussagen zu finden sind, indem Sie die Gesetze durch eine Linie mit den entsprechenden Aussagen verbinden.

Gesetze:

- Mutterschutzgesetz
- Bundeselterngeldgesetz
- Elternzeitgesetz

Aussagen:

- Wenn ein berufstätiges Elternteil zu Hause bleibt, erhält es ca. 65–67 % des Nettoeinkommens.
- Eltern können vom 1. Tag bis zum vollendeten 3. Lebensjahr des Kindes Elternzeit in Anspruch nehmen.
- Ein Elternteil kann höchstens 36 Monate Elternzeit in Anspruch nehmen.
- Während der Schwangerschaft und bis 4 Monate nach der Entbindung besteht ein besonderer Kündigungsschutz.
- Elterngeld kann von einem Elternteil höchstens 12 Monate bezogen werden.
- Ein Beschäftigungsverbot besteht bei Einlingen 8 Wochen nach der Entbindung.

2. Entscheiden Sie, ob die folgenden Aussagen zum Mutterschutzgesetz richtig oder falsch sind.

		richtig	falsch
1	Während der Schwangerschaft sind schwere und gefährliche Arbeiten verboten.		
2	Nachtarbeit ist auf freiwilliger Basis bis zum 6. Schwangerschaftsmonat erlaubt.		
3	6 Wochen vor und 8 Wochen nach der Entbindung wird Mutterschaftsgeld gezahlt.		
4	Sonntagsarbeit ist auf freiwilliger Basis erlaubt und kann von der Schwangeren jederzeit widerrufen werden.		
5	Mutterschaftsgeld bekommen nur Frauen, die ein geringes Gehalt (unter 1000 € monatlich) bekommen.		

AB 7 Arbeitsschutz und Schutzmaßnahmen

1. Warum ist die Einhaltung der Arbeitsschutzvorschriften wichtig?

____

____

2. Wer überwacht die Vorschriften des Arbeitsschutzes?

____

____

3. Vervollständigen Sie die Übersicht zum Arbeitsschutz, indem sie die Textkarten auf Seite 115 ausschneiden, richtig zuordnen und aufkleben.

Arbeitsschutz

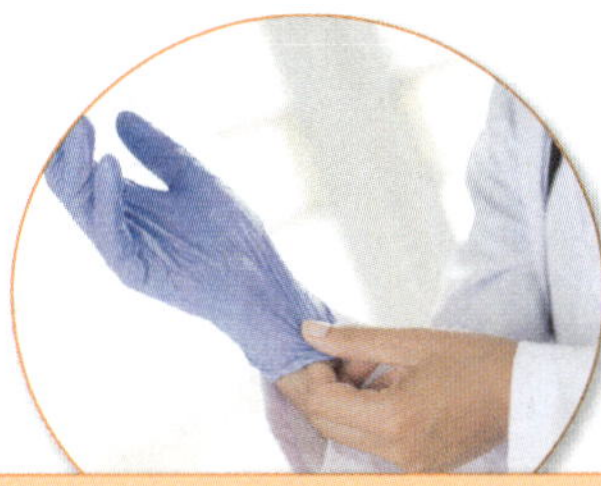

- **Technischer Arbeitsschutz**
  - [ ] → Sicherheitsvorschriften für Geräte
  - Arbeitssicherheitsgesetz → [ ]
  - [ ] → [ ]
  - Gewerbeordnung → [ ]
  - [ ] → menschenfreundliche Arbeitsplätze
- **Sozialer Arbeitsschutz**
  - [ ] → [ ] → [ ]

AB 8 Haftung

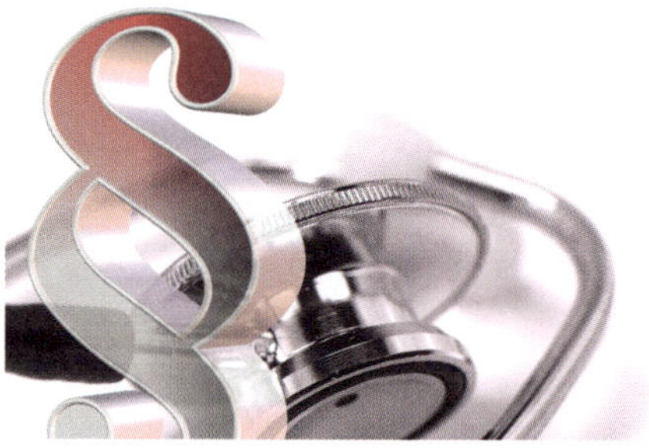

1. In welchem Gesetz wird die Haftung eines Arztes geregelt? Kreuzen Sie an:

   ○ SGB ○ BGB ○ StGB

2. Vervollständigen Sie die Tabelle, indem Sie die vorgegebenen Stichwörter korrekt zuordnen.

| Verletzung der Sorgfaltspflicht oder anderer Pflichten aus dem Behandlungsvertrag |
MFA haftet selbst	vorsätzliches Handeln	widerrechtliches Handeln der MFA
fahrlässiges Handeln der MFA	fahrlässiges Handeln des Arztes
Arzt haftet für das Verschulden seiner MFA	Arzt kann einen Entlastungsbeweis erbringen

Haftung aus dem Behandlungsvertrag	Haftung aus unerlaubter Handlung / Delikthaftung

3. Nennen Sie zwei Beispiele, in denen eine MFA selbst haftet.

4. Was ist im Zusammenhang mit der Haftung ein „Entlastungsbeweis"?

AB 9 Interessensvertretungen und berufsständische Organisationen

1. Nennen Sie zwei Organisationen, die die Interessen von MFA z. B. bei Tarifverhandlungen vertreten. Geben Sie die Abkürzung und die vollständige Bezeichnung an.

____

____

2. Nennen Sie drei Aufgaben dieser Organisationen.

____

____

____

____

3. Entscheiden Sie, ob die folgenden Aufgaben von der Ärztekammer (ÄK) oder der Kassenärztlichen Vereinigung (KV) erfüllt werden.
Kreisen Sie die richtigen Buchstaben ein. Sie ergeben ein Lösungswort.

		ÄK	KV
1	Stellt die vertragsärztliche Versorgung sicher.	M	T
2	Erstellt eine Berufsordnung für Ärzte.	E	Ü
3	Nimmt die Interessen der Vertragsärzte gegenüber den Krankenkassen wahr.	K	E
4	Führt das Vertragsarztregister.	P	R
5	Hat Fürsorge- und Versorgungseinrichtungen für Ärzte.	V	S
6	Überwacht die Ausbildung zum/zur MFA.	Ä	F
7	Verteilt nach der Quartalsabrechnung die Honorarüberweisungen.	Ö	G
8	Schlichtet Streitigkeiten z. B. zwischen Ärzten und Patienten.	R	Z

Lösungswort:

5	2	4	1	8	6	7	3

4. Wofür stehen die Abkürzungen?

KBV: ______________________________

BÄK: ______________________________

AB 10 Fachworttrainer Gesundheitswesen

1. Im Anhang auf Seite 117 finden Sie Karten für dieses Wort-Domino. Schneiden Sie die einzelnen „Dominosteine“ aus und legen Sie jeweils die passende Ergänzung auf diese beiden Seiten. Ein Paar besteht immer aus einem Begriff und der passenden Begriffserklärung. Kleben Sie anschließend die Karten auf.

Beispiele sind die Schweigepflicht und die Pflicht, die Berufsschule zu besuchen. Diese Pflichten sind z. B. im Berufsausbildungsvertrag geregelt.	
Der Arzt haftet z. B. bei Verletzung der Sorgfaltspflicht oder der Dokumentationspflicht.	
Die Abkürzung dafür lautet KV, sie ist die Interessensvertretung der Vertragsärzte.	
Die Abkürzung steht für Bürgerliches Gesetzbuch, dieses regelt z. B. die Arzthaftung.	
Die Maßnahmen dazu werden von den Berufsgenossenschaften erlassen und von den staatlichen Gewerbeaufsichtsämtern überwacht.	
Die MFA hat eine Injektion ohne Anweisung des Arztes ausgeführt und kann dafür haftbar gemacht werden.	
Dies ist eine Pflicht aus dem Behandlungsvertrag. Bei Haftungsfragen haftet der Arzt.	
Diese gesetzliche Grundlage für die Berufsausbildung regelt z. B. die Inhalte eines Ausbildungsvertrages und die Möglichkeiten der Verkürzung einer Ausbildung. Die Abkürzung ist BBiG.	

Diese Maßnahmen dienen dem Schutz von Patientendaten, damit kein Unbefugter z. B. Diagnosen auf dem Monitor lesen kann.	
Diese Pflichten sind z. B. im Berufsausbildungsvertrag festgelegt. Dazu gehört u. a. die Pflicht, Mittel zur Ausbildung zur Verfügung zu stellen.	
Diese Vorschriften werden von den Berufsgenossenschaften erlassen und dienen dem Arbeitsschutz.	
Es dient dem Schutz der Schwangeren und dem des ungeborenen Kindes.	
Es gilt für 15- bis 18-Jährige und regelt z. B. die Länge der täglichen Arbeitszeit.	
Es regelt u. a. die Höhe des Elterngeldes und den Zeitraum, in dem man dies bekommen kann.	
Er muss vom Ausbilder/von der Ausbilderin und dem/der Auszubildenden (bei Minderjährigen auch von dem gesetzlicher Vertreter) unterschrieben werden.	
Es regelt die Möglichkeiten und Maßnahmen zur Inanspruchnahme von Elternzeit.	
Sie ist die zuständige Stelle für die Ausbildung zur MFA und führt z. B. die Zwischen- und Abschlussprüfung durch.	
Sie ist erforderlich, damit sich zwischen Arzt und Patient ein Vertrauensverhältnis bildet und umfasst alle persönlichen und medizinischen Daten des Patienten.	
Sie regelt eine einheitliche Berufsausbildung, indem sie z. B. den Ausbildungsrahmenplan eines Ausbildungsberufes festlegt.	
Die Abkürzung steht für „Verband medizinischer Fachberufe". Dieser ist Tarifpartner bei den Tarifverhandlungen für die MFA.	

AB 1 Grundlagen der medizinischen Fachsprache I

1. Finden Sie in dem Buchstabensalat waagerecht und senkrecht 10 wichtige Grundbegriffe der medizinischen Fachsprache und kreisen Sie diese ein.

In der Tabelle finden Sie die Erklärungen zu den Begriffen.
Tragen Sie die gefundenen Begriffe passend zu den Erklärungen in die Tabelle ein.

K	O	N	T	R	A	I	N	D	I	K	A	T	I	O	N	M	A
C	D	F	H	W	Ü	K	P	R	O	P	H	Y	L	A	X	E	K
H	W	K	E	F	U	Ä	D	K	G	M	Z	Y	V	U	I	A	A
S	Q	D	R	F	E	R	T	I	N	D	I	K	A	T	I	O	N
Y	E	T	A	T	A	P	P	L	I	K	A	T	I	O	N	Z	A
M	D	I	P	M	U	L	S	P	X	A	Z	T	L	P	Q	H	M
P	E	D	I	A	G	N	O	S	E	Q	A	W	Z	L	S	D	N
T	U	Q	E	Q	M	G	A	Ä	K	R	Y	E	K	Y	V	E	E
O	M	F	G	U	P	R	Ä	V	E	N	T	I	O	N	O	R	S
M	O	G	K	I	Z	L	O	N	S	P	R	O	G	N	O	S	E

1		(Krankheits)Vorgeschichte
2		Darreichung/Verabreichung
3		Krankheitsname/Benennung einer Krankheit
4		Anzeige/Grund, z. B. ein Medikament zu verabreichen
5		Gegenanzeige/Grund, z. B. ein Medikament nicht zu verabreichen
6		Vorsorge, Früherkennung
7		Vorhersage
8		Vorsorge, Früherkennung
9		Krankheitszeichen
10		Behandlung

2. Ordnen Sie den Aussagen den richtigen medizinischen Begriff zu.

| Anamnese | Befund | chronisch | Diagnose | Therapie | Prognose |

	Aussage	Terminus
1	Nehmen Sie diese Tablette morgens und abends mit einem Getränk ein.	
2	Der Blutzucker liegt bei 112 mg/dl.	
3	Die Fraktur wird in 4 Wochen geheilt sein.	
4	Diese Form der Hepatitis kann nicht geheilt werden, sie wird nicht ausheilen.	
5	Sie leiden an einem primären Hypertonus.	
6	In meiner Familie tritt diese Erkrankung häufig auf.	

AB 2 Grundlagen der medizinischen Fachsprache II

1. In der medizinischen Fachsprache werden verschiedene Vor- und Nachsilben benutzt. Schneiden sie auf Seite 119 die einzelnen „Dominokarten" aus. Bilden Sie passende Paare aus der Bedeutung und der Vorsilbe oder Nachsilbe. Kleben Sie die richtigen Paare auf.

Entzündung	
Lehre von ...	
Erkrankung	
vor	
über, hoch	
in, innerhalb	
abtötend, vernichtend	
innen, hinein	

degenerative Erkrankung	
Betrachtung	
Schmerz	
unter, unterhalb	
herausschneiden	
verursachend, auslösend	
zurück, wiederkehrend	

2. Ordnen Sie die Untersuchungsverfahren zu, indem Sie die zusammengehörigen Aussagen mit einer Linie verbinden.

Perkussion

Palpation

Auskultation

Inspektion

Abhorchen/ Abhören

Abklopfen

Betrachtung

Abtasten

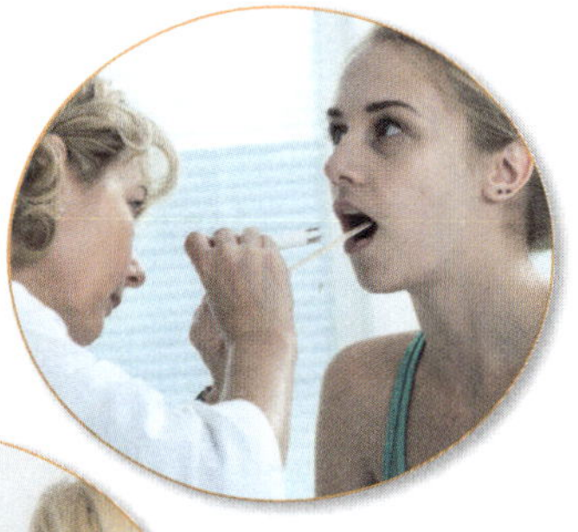

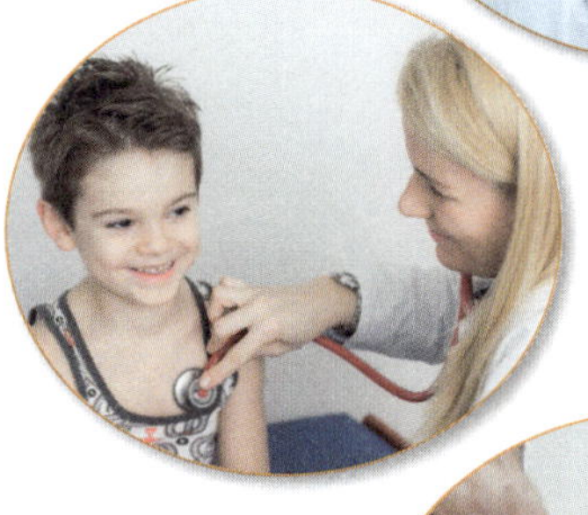

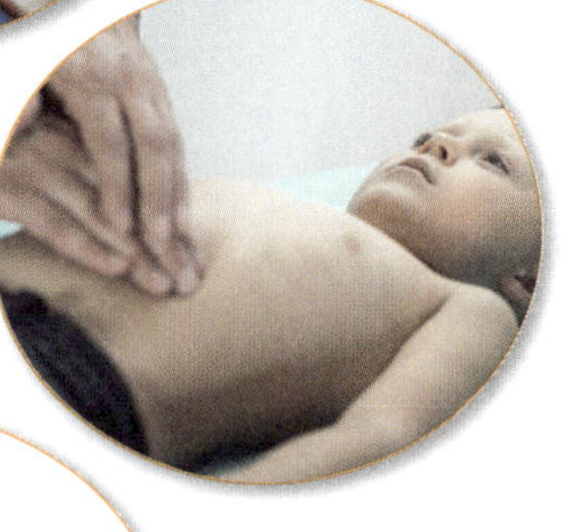

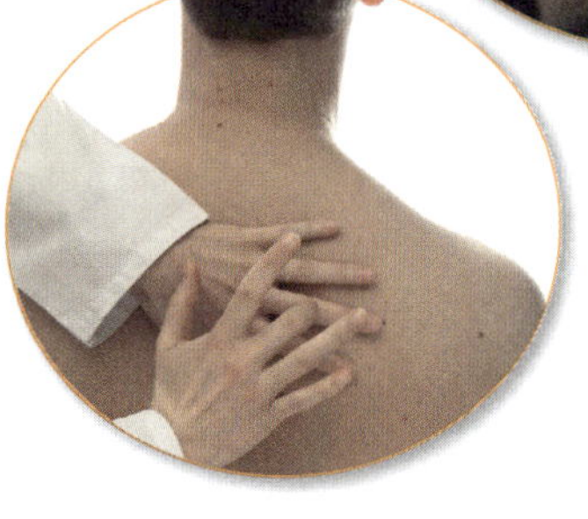

BEHANDLUNGSASSISTENZ

Lernfeld 2

AB 3 Ebenen des menschlichen Körpers, Lage- und Richtungsbezeichnungen, Lage der Organe

1. Beschriften Sie die Abbildungen, indem Sie die folgenden Termini einsetzen:

| anterior | dexter | dorsal | kaudal | kranial | lateral | lateral | medial | | posterior | sinister | ventral |

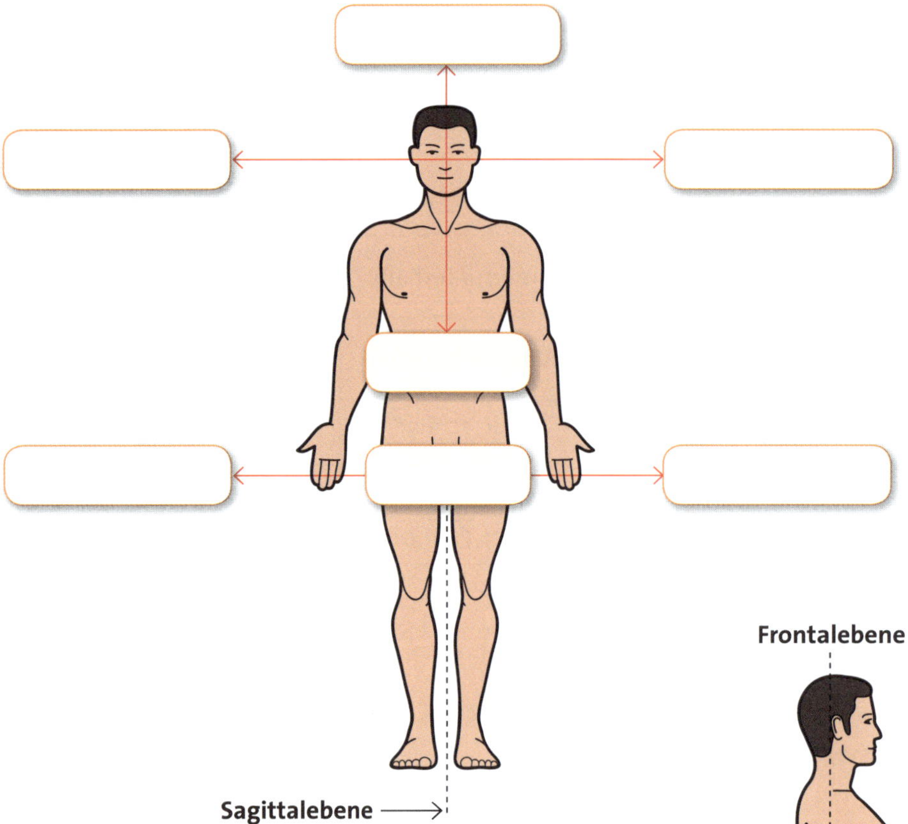

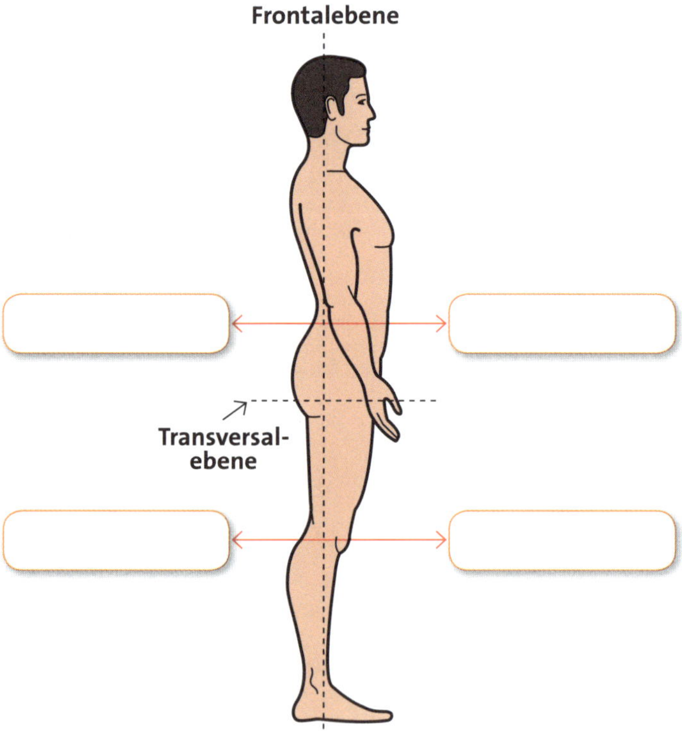

2. In welchem Körperbereich liegen die genannten Organe?
Ordnen Sie die Organe den Körperbereichen zu.

		Brustbereich	Oberbauch	Unterbauch
1	Herz und Lunge			
2	Gebärmutter und Eierstöcke			
3	Magen und Leber			

AB 4 Ärztliche Fachrichtungen

1. Tragen Sie in das Rätsel die korrekten ärztlichen Fachgebiete ein.
Bei richtiger Lösung ergibt sich eine weitere Fachrichtung.

Das Fachgebiet befasst sich mit

1 ... den Erkrankungen des Herz-Kreislauf-Systems
2 ... den Erkrankungen des Blutes und der blutbildenden Organe (z. B. Knochenmark)
3 ... den Tumor-Erkrankungen, überwiegend bösartig
4 ... der operativen Behandlung von Krankheiten
5 ... den Erkrankungen der Haut
6 ... den Erkrankungen des Verdauungssystems
7 ... der Entwicklung des Kindes und Jugendlichen und seinen Erkrankungen
8 ... den Erkrankungen der Hormondrüsen
9 ... den weiblichen Geschlechtsorganen und mit der Betreuung bei Schwangerschaft und Geburt
10 ... den Erkrankungen des Bewegungssystems
11 ... den Erkrankungen des Nervensystems
12 ... den Erkrankungen der Seele (Psyche)
13 ... den Erkrankungen der Harnorgane und der männlichen Geschlechtsorgane

Lösungswort:

AB 5 Organe, Aufgaben der Organe, ärztliche Fachrichtungen

1. Schreiben Sie unter die Abbildungen auf dieser und der nächsten Seite die Bezeichnungen der Organsysteme. Nennen Sie in der mittleren Spalte die Aufgaben der Organsysteme und die beteiligten Organe. Ordnen Sie in der rechten Spalte diese ärztlichen Fachrichtungen den Organsystemen zu:

Andrologie	Augenheilkunde	Dermatologie	Endokrinologie	Gynäkologie
Hals-Hasen-Ohren-Heilkunde	Innere Medizin	Kardiologie	Lymphologie	Pneumologie
Pulmologie	Nephrologie	Neurologie	Orthopädie	Urologie	Urologie

Abbildung und Name des Organsystems	Aufgabe und beteiligte Organe	Ärztliche Fachrichtung
1 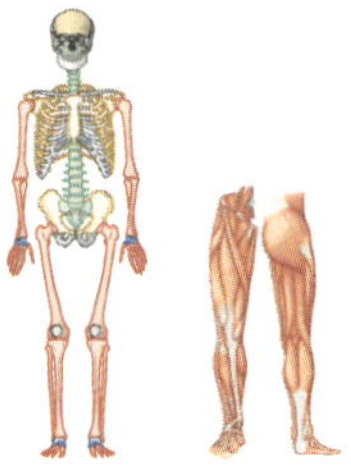	Aufgabe: Organe:	
2 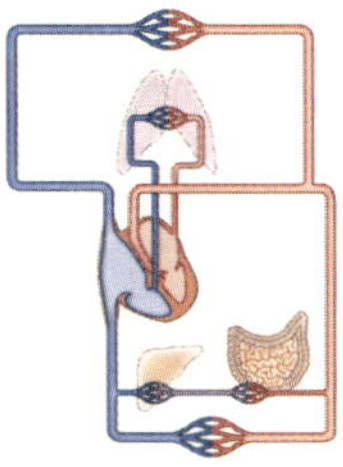	Aufgabe: Organe:	
3 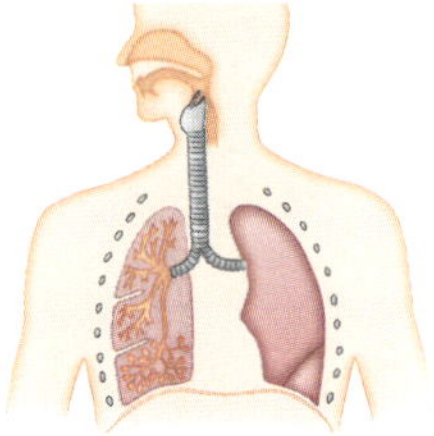	Aufgabe: Organe:	
4 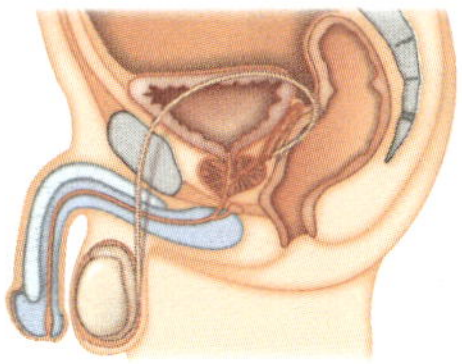 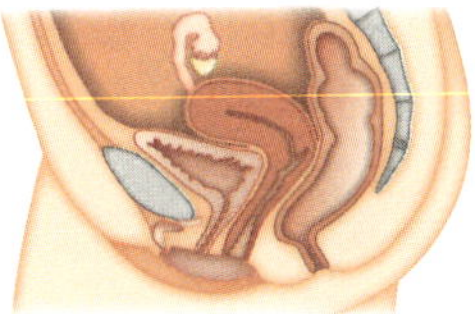	Aufgabe: Organe Mann: Organe Frau:	

Abbildung und Name des Organsystems	Aufgabe und beteiligte Organe	Ärztliche Fachrichtung
5 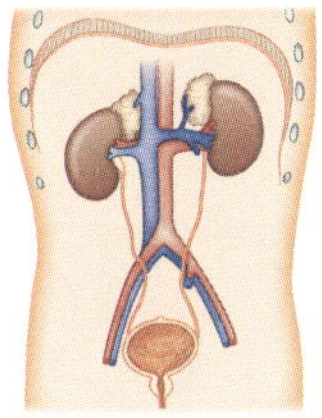	Aufgabe: Organe:	
6 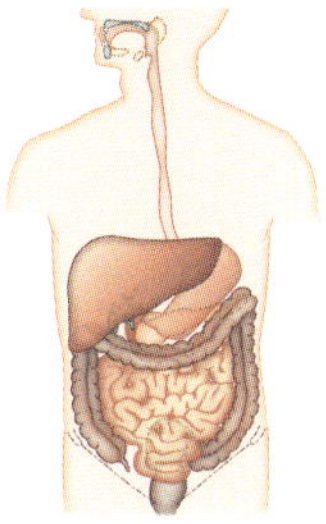	Aufgabe: Organe:	
7 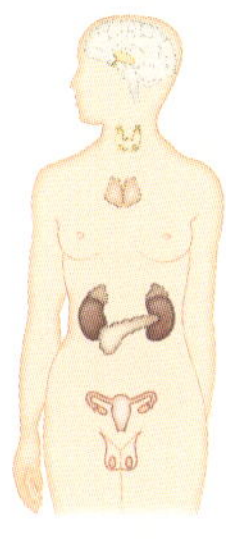	Aufgabe: Organe:	
8 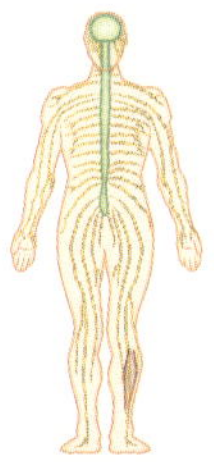	Aufgabe: Organe:	
9 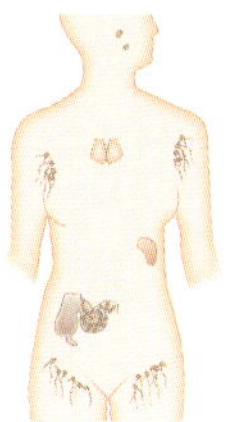	Aufgabe: Organe:	
10 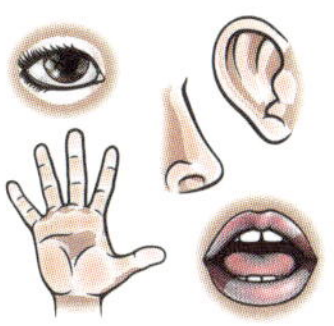	Aufgabe: Organe:	

AB 6 Gesundheitswesen

1. Vervollständigen Sie die Tabelle zum Gesundheitswesen mithilfe der vorgegebenen Textbausteine.

Arztpraxen	Bundesministerium für Gesundheit	Hygieneaufsicht in Arztpraxen
Öffentlicher Gesundheitsdienst	Pflegeheime	Physiotherapeutische Praxen
Stationäre Versorgung	Zahnarztpraxen	Zentral- und Sonderkrankenhäuser

Gesundheitswesen

Ambulante Versorgung		
	Krankenhäuser der Grund- und Regelversorgung	
		Gesundheitsämter

2. Ordnen Sie den Aufgaben des Gesundheitswesens folgende drei Bereiche zu:
- ambulante Versorgung
- stationäre Versorgung
- öffentlicher Gesundheitsdienst

(Mehrfachnennungen sind möglich.)

	Aufgaben	Bereiche des Gesundheitswesens
1	Hygieneaufsicht in (Zahn)Arztpraxen	
2	(zahn)ärztliche Behandlung	
3	Betreuung und Pflege von Patienten über mehrere Tage	
4	Ausstellung von amtsärztlichen Zeugnissen	
5	Prävention, z. B. reisemedizinische Beratung und Durchführung von Impfungen	
6	Behandlung von Patienten auch bei Hausbesuchen	
7	Durchführung von großen Operationen (z. B. Organtransplantationen)	

AB 7 Gesundheitsinstitute, Praxisformen

1. Dem Bundesministerium für Gesundheit unterstehen fünf Institute. Ordnen Sie den Abkürzungen die Namen und die Aufgabenbereiche zu, indem Sie die zusammengehörigen Inhalte farbig markieren.

BfArM

RKI

DIMDI

PEI

BZgA

Robert Koch-Institut

Bundeszentrale für gesundheitliche Aufklärung

Paul-Ehrlich-Institut

Deutsches Institut für Medizinische Dokumentation und Information

Bundesinstitut für Arzneimittel und Medizinprodukte

Bundesinstitut für Impfstoffe und biomedizinische Arzneimittel

Fachbehörde für Prävention und Gesundheitsförderung

Forschungsinstitut zur Erkennung und Erfassung von Infektionskrankheiten

2. Der niedergelassene Arzt kann in verschiedenen Praxisformen tätig sein. Entscheiden Sie, ob die folgenden Aussagen zu den unterschiedlichen Praxisformen richtig oder falsch sind. Korrigieren Sie die falschen Aussagen.

	Aussage	richtig	falsch	Korrektur der falschen Aussagen
1	In einer Berufsausübungsgemeinschaft (BAG) arbeiten alle beteiligten Ärzte selbstständig. Jeder Arzt hat eine eigene KV-Nummer.			
2	In einer Praxisgemeinschaft arbeiten die beteiligten Ärzte gemeinschaftlich. Es gibt nur eine KV-Nummer für alle beteiligten Ärzte.			
3	In einem Medizinischen Versorgungszentrum (MVZ) arbeiten Ärzte fachübergreifend als Angestellte oder Vertragsärzte.			
4	In einer Apparategemeinschaft nutzen Ärzte gemeinsam technische Geräte. Alle Ärzte haben die gleiche KV-Nummer.			

AB 8 Botschaften in der Kommunikation

1. In der Kommunikation spricht man von den vier Seiten einer Botschaft bzw. dem Vier-Ohren-Modell. Ordnen Sie bei der Aussage eines Patienten „Ich habe Schmerzen!“ die vier Seiten dieser Botschaft zu.

| Appell | Beziehung | Sachinhalt | Selbstoffenbarung |

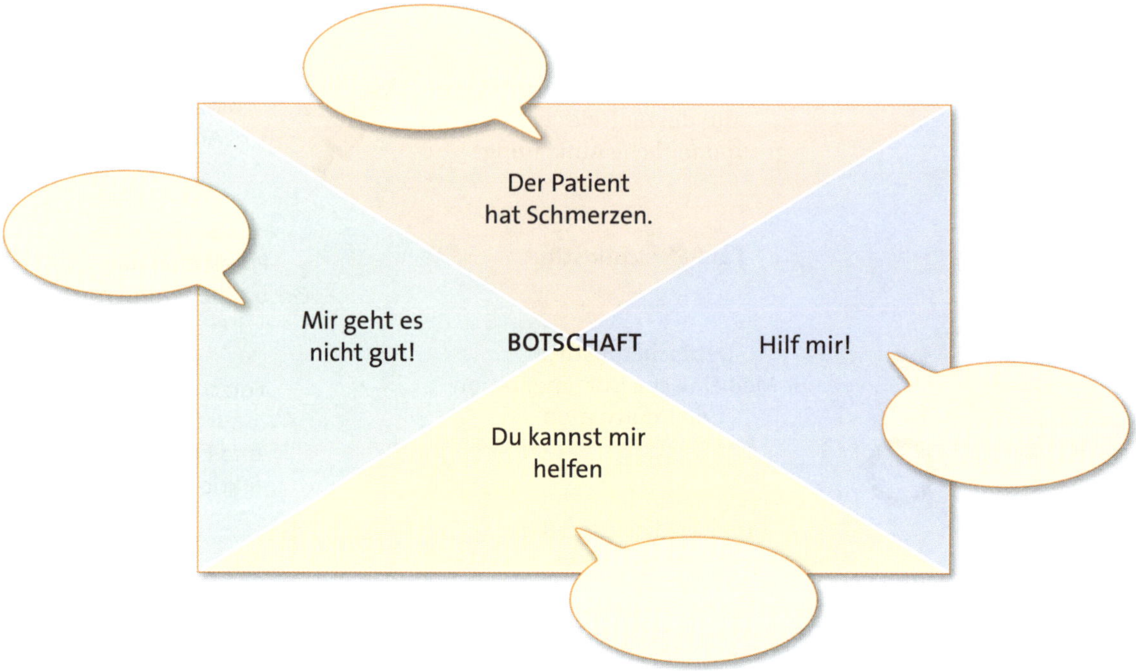

2. Welche Botschaften könnte die MFA in der Praxis **hören**, wenn der Patient sagt: „Ich habe Schmerzen!“? Formulieren Sie mögliche Botschaften auf den vier Ebenen.

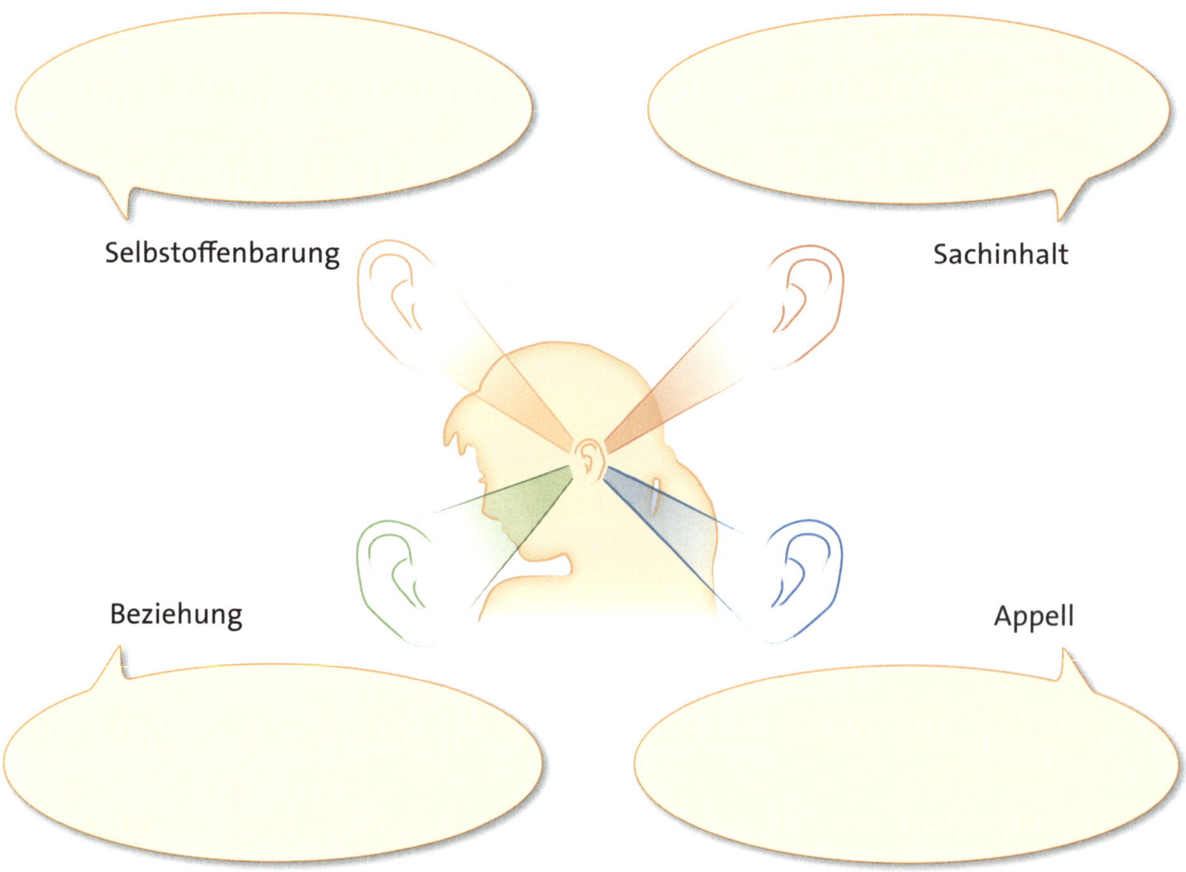

Lernfeld 2 BOV/WIRTSCHAFT

AB 9 Kommunikation bei Telefongesprächen

1. Die neue Kollegin Maria spricht Sie an, da sie gerade ein sehr unerfreuliches Telefonat mit einem Patienten hatte. Sie ist sehr ungehalten und beschwert sich über den „unmöglichen Patienten". Ihre Kollegin Maria schildert Ihnen, wie das Telefonat abgelaufen ist. Was raten Sie ihr?

	Aussage ihrer Kollegin	Ihr Ratschlag
1	Ich habe zweimal nach dem Namen gefragt und gesagt, dass ich mir so einen komplizierten Namen nicht merken kann.	
2	Ich habe gesagt, dass wir diese Woche keinen Termin frei haben. Er soll nächste Woche nochmal anrufen.	
3	Ich habe ihm gesagt, dass wir das so nicht machen können.	
4	Und dann hat er sich beschwert, dass er am Telefon so lange warten musste, weil ich zwischendurch mit einer Patientin an der Anmeldung gesprochen habe.	
5	Ich habe ihm gesagt, dass ich nicht weiß, wann sein Rezept fertig ist.	
6	Ich habe dann einfach aufgelegt.	

AB 10 Kommunikationsfehler

1. In der Praxis haben ihre beiden Kolleginnen Theresa und Nele einen Streit. Eine weitere Kollegin versucht zu vermitteln, da sie beide gut leiden kann.
Welche Ratschläge sind richtig, welche falsch?
Korrigieren Sie die falschen Ratschläge.

	Ratschlag	richtig	falsch	Korrektur
1	Höre aktiv zu, zeige dies durch deine Körperhaltung.			
2	Gebe keinen Fehler oder Schwäche zu!			
3	Sage direkt, was der andere oder die andere falsch gemacht hat.			
4	Respektiere die Gefühle des anderen und lass ihn „sein Gesicht wahren“.			
5	Zeige Bereitschaft, die Interessen der anderen zu berücksichtigen.			

2. Nennen Sie mindestens 3 Merkmale, die zur nonverbalen Kommunikation gehören.

____

____

____

____

____

3. Bei der Gesprächsführung kann man Fehler machen. Ordnen Sie die Begriffe den Erklärungen zu, indem Sie die Begriffe und Kästchen mit einer Linie verbinden.

- Bagatellisieren
- Monologisieren
- Moralisieren

- Man lässt den Patienten nicht aussprechen, sondern spricht selbst immer weiter und hört dem Patienten nicht zu.
- Man macht dem Patienten Vorwürfe oder drängt ihm das eigene Wertesystem auf.
- Man nimmt den Patienten nicht ernst, verharmlost seine Beschwerden oder gibt besserwisserische Antworten.

AB 11 Sozialversicherungen

1. Nennen Sie die fünf Sozialversicherungen/Pflichtversicherungen. Tragen Sie diese in die linke Spalte der Tabelle ein. Ergänzen Sie die anderen Lücken mithilfe der unten stehenden Textfelder.

Sozialversicherung	Kostenträger (Beispiele)	Leistungen (Beispiele)
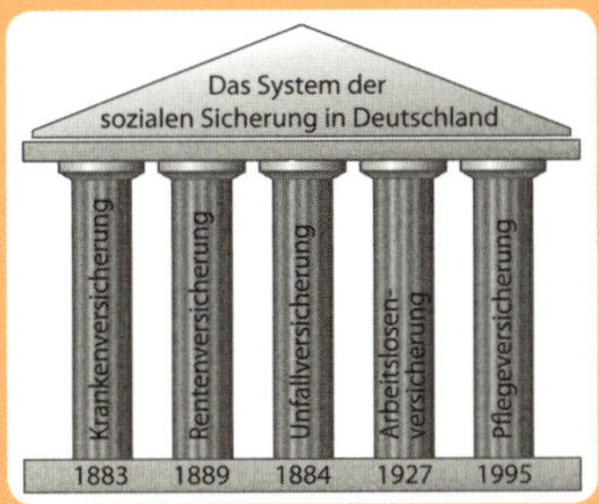		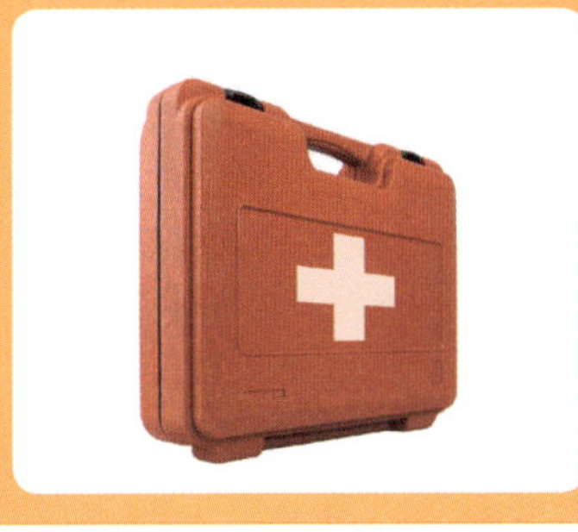
1	Krankenkassen, z. B. AOK, BKK, IKK, Ersatzkassen, Knappschaft	
2	Pflegekassen sind den Krankenkassen zugeordnet	
3		Arbeitsförderung, Arbeitsvermittlung, Berufsberatung, Arbeitslosengeld, berufliche Rehabilitation
4	Deutsche Rentenversicherung (Deutsche Rentenversicherung Bund, Deutsche Rentenversicherung Regional, Deutsche Rentenversicherung Knappschaft, Bahn, See)	
5		Unfallverhütung, Verletztengeld, Verletztenrente, Heilbehandlung (ärztliche/zahnärztliche Behandlung), Hinterbliebenenrente, Sterbegeld

Bundesagentur für Arbeit, Agenturen für Arbeit (früher Arbeitsämter)

Altersrente, Erwerbsminderungsrente, Witwenrente, Waisenrente

häusliche Pflege, stationäre Pflege, Pflegegeld

Berufsgenossenschaften (für MFA: Berufsgenossenschaft für Gesundheitsdienst und Wohlfahrtspflege – BGW), Unfallkassen

ärztliche/zahnärztliche Behandlung, Vorsorge- und Früherkennungsmaßnahmen, Mutterschaftshilfe

AB 12 Unfallversicherung, gesetzliche und private Krankenversicherung

1. Die Beitragszahlung der Unfallversicherung unterscheidet sich grundsätzlich von der Beitragszahlung für die anderen Sozialversicherungen. Worin besteht der Unterschied?

2. Kreuzen Sie an, welche Aussagen auf die gesetzliche Krankenversicherung und welche auf die private Krankenversicherung zutreffen.

		gesetzliche Krankenversicherung	private Krankenversicherung
1	Diese Versicherung gehört zu den Pflichtversicherungen für fast alle Arbeitnehmer.		
2	Die Beitragshöhe für diese Versicherung richtet sich nach dem abgeschlossenen Vertrag (z. B. nach dem gewünschten Versicherungsumfang).		
3	Der Versicherte muss die Versicherungsbeiträge allein zahlen. Der Arbeitgeber zahlt ggf. einen Zuschuss.		
4	Diese Versicherung arbeitet nach dem Solidaritätsprinzip.		
5	Der Beitragssatz für diese Versicherung wird ca. zur Hälfte von den Arbeitnehmern und ca. zur Hälfte von den Arbeitgebern bezahlt.		
6	Diese Versicherung gehört zu den Individualversicherungen.		
7	Bei dieser Versicherung sind Familienangehörige (z. B. schulpflichtige Kinder) beitragsfrei mitversichert.		

3. Welche Aufgabe hat die gesetzliche Krankenversicherung?

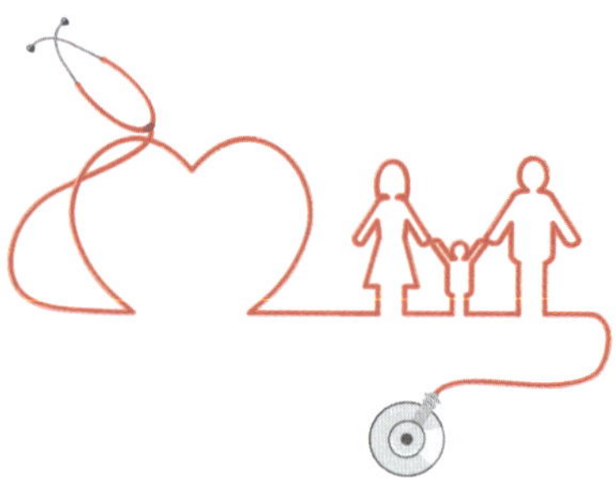

AB 13 Gesetzliche Krankenversicherung

1. Handelt es sich um eine gesetzliche Krankenkasse? Entscheiden Sie.
Die richtigen Buchstaben ergeben das Lösungswort.

		Ja	Nein
1	HEK	S	E
2	AOK Rheinland/Hamburg	A	L
3	Signal Iduna	R	B
4	BKK 24	K	P
5	Debeka	Z	R
6	Barmer Ersatzkasse	I	T
7	Hanse Merkur	W	M
8	DAK Gesundheit	C	N

Lösungswort:

3	6	1	7	2	5	8	4

2. Welche Bedeutung hat diese Person (Lösungswort von Aufgabe 1) für die Sozialversicherung?

____

____

3. Ordnen Sie die Leistungen der gesetzlichen Krankenversicherung den Überschriften zu.

		Früherkennung	Krankenhilfe	Mutterschaftshilfe
1	Mutterschaftsgeld			
2	Krebsfrüherkennungsuntersuchungen			
3	Krankengeld			
4	Ärztliche Behandlung während der Schwangerschaft			
5	Verordnung von Arzneimitteln			
6	Stationäre Behandlung im Krankenhaus			
7	Gesundheitsuntersuchungen für Kinder (U-Untersuchungen) und Jugendliche (J-Untersuchungen)			
8	Impfungen (nach den Empfehlungen der STIKO)			

4. Welche der oben genannten Leistungen sind grundsätzlich präventive Leistungen und welche Geldleisungen?

Präventive Leistungen: ______________ Geldleistungen: ______________

AB 14 Elektronische Gesundheitskarte

1. Schreiben Sie die Bedeutung der Abkürzung eGK auf.

____

2. Welche Aufgaben/Funktionen hat die elektronische Gesundheitskarte.
Nennen Sie drei Aufgaben/Funktionen der elektronischen Gesundheitskarte.

____

____

____

____

____

____

____

3. Beschriften Sie die Abbildung der elektronischen Gesundheitskarte.

AB 15 Grundlagen der ärztlichen Abrechnung

1. Was heißen die folgenden Abkürzungen?

EBM: ______________________________

GOÄ: ______________________________

2. Welche Aussagen treffen auf den EBM und welche auf die GOÄ zu?
Entscheiden Sie. Die richtigen Buchstaben ergeben das Lösungswort.

		EBM	GOÄ
1	Nach dieser Gebührenordnung werden die Leistungen für Kassenpatienten abgerechnet.	R	K
2	Diese Gebührenordnung gilt für die Abrechnung ärztlicher Leistungen bei Privatpatienten.	P	A
3	Die Euro-Beträge für die Gebührennummern legt das Bundesministerium für Gesundheit (BMG) fest.	H	N
4	Diese Gebührenordnung unterscheidet bei der Abrechnung zwischen Hausärzten und Fachärzten.	T	B
5	Die Abrechnungsnummern sind fünfstellig, z. B. 02300.	K	O
6	In dieser Gebührenordnung werden hauptsächlich Einzelleistungen abgerechnet.	W	S
7	Die Abrechnungsnummern dieser Gebührenordnung heißen Gebührenordnungspositionen.	Z	R
8	Der Arzt rechnet die erbrachten Leistungen am Quartalsende mit der Kassenärztlichen Vereinigung (KV) ab.	E	M
9	Der Arzt kann jederzeit seine Privatliquidation an den Patienten schicken.	N	A
10	Diese Gebührenordnung enthält viele Pauschalen.	S	G

Lösungswort:

5	2	10	6	8	3	9	1	7	4

3. Vervollständigen Sie die Abbildung, indem Sie die richtigen Nummern vor den Textfeldern eintragen.

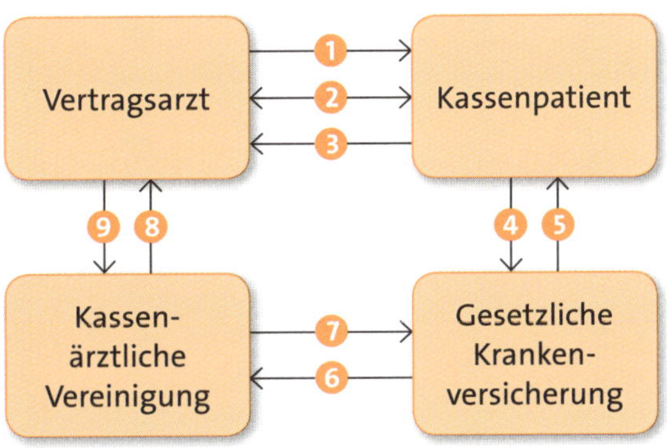

- ◯ Legt Versichertenkarte vor
- ◯ Legt Gesamtabrechnung vor
- ◯ Führt Behandlung durch
- ◯ Zahlt Beiträge
- ◯ Zahlt Gesamtvergütung
- ◯ Zahlt Vergütung
- ◯ Legt Quartalsabrechnung vor
- ◯ Gewährt Behandlungsanspruch
- ◯ Behandlungsvertrag

AB 16 Behandlungsvertrag

1. Kreuzen Sie die Aussagen an, in denen ein Behandlungsvertrag zustande kommt.

1	Der Arzt sagt telefonisch einen Hausbesuch zu.	
2	Der Arzt trifft einen Patienten beim Einkaufen.	
3	Der Patient übergibt der MFA seine Gesundheitskarte.	
4	Der Patient vereinbart einen Termin an der Anmeldung.	

2. Warum ist der Behandlungsvertrag zwischen Arzt und Patient ein Dienstvertrag und kein Werkvertrag?

____

____

____

____

3. Ergänzen Sie die Lücken im Text mit den folgenden Wörtern.

Behandlungspflicht	Behandlungsvertrag	Dienstvertrag	Erfolgsgarantie
Geschäftsführung ohne Auftrag	mutmaßlichen Willen	Notfällen
schlüssiges Handeln	Willenserklärung

Der ____________________ zwischen Arzt und Patient ist ein ____________________. Er wird durch ____________________ des Patienten/des Arztes abgeschlossen. Kann ein Patient keine rechtswirksame ____________________ abgeben, z. B. weil er bewusstlos ist, dann erfolgt die erforderliche Behandlung als ____________________. Der Arzt kann dann vom ____________________ des Patienten behandelt zu werden, ausgehen. Bei einem Dienstvertrag, also auch bei einem Behandlungsvertrag, gibt es keine ____________________. Der Arzt kann entscheiden, ob er einen Behandlungsvertrag eingeht. Es besteht keine ____________________. Dies gilt jedoch nicht bei ____________________.

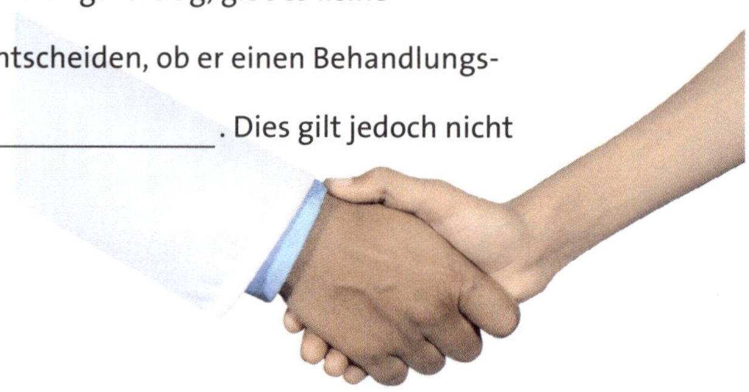

4. Nennen Sie die sechs wichtigsten Pflichten eines Arztes.

D _ _ _ _ _ _ _ _ _ z

S _ _ _ _ _ _ _ pflicht

A _ _ _ _ _ _ _ _ _ _ pflicht

D _ _ _ _ _ _ _ _ _ _ _ _ _ pflicht

A _ _ _ _ _ _ _ _ _ _ _ _ pflicht

M _ _ _ _ pflicht

AB 17 Aufklärungspflicht

1. Bei der Aufklärung eines Patienten, z. B. vor einer Operation, müssen bestimmte Regeln eingehalten werden. Welche Fehler werden hier beschrieben? Schreiben Sie die richtige Regel auf.

1	Der Arzt klärt den Patienten über die Diagnose auf.	
2	Der Arzt spricht über den Umfang der ärztlichen Maßnahmen und die zu erwartenden Heilungsmöglichkeiten.	
3	Der Arzt erklärt die Vorteile der Behandlungsmaßnahme und auch die möglichen Risiken und Nebenwirkungen.	
4	Der Arzt führt das Gespräch 10 Minuten vor der geplanten Operation durch.	
5	Der Arzt erklärt dem Patienten, der die deutsche Sprache nicht gut versteht, den geplanten Eingriff.	

2. Entscheiden Sie, für wen die Aussagen zur Aufklärungspflicht zutreffen.

		Patienten unter 14 Jahre	Patienten zwischen 14 und 18 Jahre	bewusstlose Patienten
1	Wenn eine Situation lebensbedrohlich ist, setzt der Arzt den mutmaßlichen Willen voraus, wenn er mit der Behandlung beginnt.			
2	Der Arzt handelt, nachdem er die Persönlichkeit des Patienten eingeschätzt hat.			
3	Der Arzt holt die Einwilligung beider Eltern ein.			

3. Muss die Aufklärung immer vollständig sein?

____

____

____

4. Darf ein Arzt oder ein Patient auf eine Aufklärung verzichten?

____

____

5. Kann der Patient seine Einwilligung, z. B. zu einer Operation, widerrufen?

____

AB 18 Einsichtsrecht des Patienten, Dokumentations- und Aufbewahrungspflicht des Arztes

1. Entscheiden Sie, ob der Patient in den folgenden Fällen ein Einsichtsrecht in die Karteikarte des Arztes hat. Erklären Sie, warum Sie sich so entscheiden.

	Einsichtsrecht	KEIN Einsichtsrecht	Erklärung
Der Patient möchte die Befunde der letzten Blutuntersuchung wissen und eine Kopie davon bekommen.			
Der Arzt hat seine persönliche Einschätzung über den Charakter des Patienten in die Karteikarte geschrieben.			

2. Welche Aufgaben hat die Dokumentationspflicht des Arztes?

Die Dokumentation ...

3. Nennen Sie die Aufbewahrungsfristen für die folgenden ärztlichen Unterlagen.

	Unterlage/Dokument	Aufbewahrungsfrist
1	Durchschläge von Betäubungsmittelrezepten	
2	ärztliche Aufzeichnungen von Früherkennungsmaßnahmen	
3	Arbeitsunfähigkeitsbescheinigungen	
4	Überweisungen	
5	Karteikarten, Befundmitteilungen, Arztbriefe	
6	Verbandbuch	
7	Medizinproduktebuch	

AB 19 Anzeige- und Meldepflicht

1. Verschiedene Gesetze regeln, welche Vorgänge ein Arzt melden muss.
Tragen Sie die Gesetze zu den genannten Vorgängen ein.

| Personenstandsgesetz | Infektionsschutzgesetz |
| Berufskrankheiten-Verordnung (SGB) | Bundesmantelvertrag (Ärzte) |

	Vorgang	Gesetz
1	Meldung bei Berufskrankheiten	
2	Meldung von Geburt oder Tod	
3	Auskunft des Vertragsarztes gegenüber dem vertrauensärztlichen Dienst	
4	Meldung von übertragbaren Krankheiten	

2. Muss der Arzt in folgenden Fällen den Patienten anzeigen?

	Ja	Nein
Der Patient kommt mit einer Schussverletzung, die offensichtlich aus einer Straftat stammt, in die Praxis und möchte behandelt werden.		
Der Arzt hört zufällig ein Gespräch eines Patienten mit an, in dem es offensichtlich um eine Geiselnahme geht.		

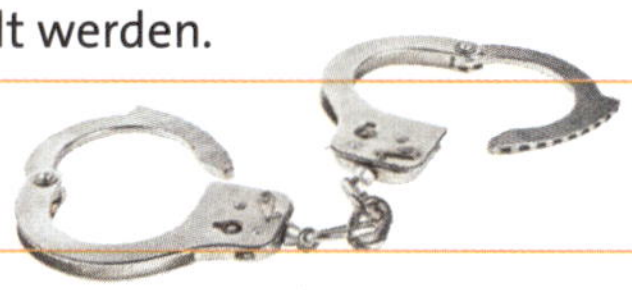

3. Welche Aussagen zum Infektionsschutzgesetz (IfSG) sind richtig, welche falsch?
Entscheiden Sie. Die richtigen Buchstaben ergeben das Lösungswort.

		richtig	falsch
1	Eine namentliche Meldung nach dem IfSG erfolgt bei der Erkrankung an einer behandlungsbedürftigen Tuberkulose.	N	E
2	Eine nicht-namentliche Meldung nach dem IfSG erfolgt bei Verdacht auf eine mikrobiell bedingte Lebensmittelvergiftung bei Beschäftigten im Lebensmittelgewerbe.	M	O
3	Ein ärztliches Labor muss den positiven Nachweis z. B. von Hepatitis A-, B- und C-Erregern, Masernviren und Polioviren melden.	E	S
4	Das IfSG unterscheidet zwischen sofortiger und namentlicher Meldung.	H	N
5	Wenn die Meldepflicht nicht eingehalten wird, kann ein Bußgeld verhängt werden.	F	Z
6	Wenn das Unterlassen einer Meldung nach dem IfSG zu einer Krankheit führt, kann dies mit einer Freiheitsstrafe bestraft werden.	E	W
7	Zur Meldung nach dem IfSG ist jeder Arzt verpflichtet, nicht aber MFA und Hebammen.	B	K
8	Das IfSG entbindet den Arzt in bestimmten Fällen von der Schweigepflicht	I	G
9	Die Meldung nach dem IfSG erfolgt auf einem Meldebogen der Ärztekammer.	A	T
10	Eine namentliche Meldung nach dem IfSG ist z. B. beim HI-Virus oder Erreger von Syphilis vorgesehen.	P	N
11	Eine namentliche Meldung nach dem IfSG erfolgt bei der Diagnose von z. B. Diphtherie, Masern, Mumps, Keuchhusten und Poliomyelitis.	I	D

Lösungswort:

11	1	5	3	7	9	8	2	10	3	4

BOV/WIRTSCHAFT

Lernfeld 2

AB 20 Pflichten des Patienten

1. Welches andere Wort steht für die Mitwirkungspflicht des Patienten?

____

2. Entscheiden Sie, welche Pflichten der Arzt oder Patient in den folgenden Fällen nicht einhält.

		Mitwirkungs-pflicht	Offenbarungs-pflicht	Zahlungs-pflicht
1	Ein Patient verschweigt dem Arzt, dass er an Hepatitis B erkrankt ist.			
2	Der Arzt klagt bei einem nicht krankenversicherungspflichtigen Patienten seinen Honoraranspruch gerichtlich ein.			
3	Diese Pflichten können vom Arzt nicht eingeklagt werden.			
4	Verschweigt der Patient vorsätzlich z. B. eine Allergie, kann dies die Schadenersatzpflicht des Arztes mindern oder ausschließen.			
5	Der Patient hält sich nicht an die Vorgaben des Arztes bei der Einnahme der verordneten Medikamente.			
6	Diese Pflichten können vom Arzt nicht erzwungen werden.			
7	Der Privatpatient zahlt die Privatliquidation des Arztes nicht.			
8	Der Patient verschweigt dem Arzt eine kürzlich durchgeführte Operation unter Vollnarkose.			
9	Der Kassenpatient nimmt IGe-Leistungen in Anspruch, weigert sich jedoch die Arztrechnung zu bezahlen.			

3. Bei der Behandlung von Kassenpatienten hat der behandelnde Vertragsarzt einen Honoraranspruch gegenüber der gesetzlichen Krankenversicherung des Patienten. Wer ist bei der Behandlung von Privatpatienten zur Zahlung verpflichtet?

In der Wortschlange verbirgt sich das Lösungswort. Unterstreichen Sie es.

LIQUIDATIONINDIKATIONEBMKASSEVERTRAGGOÄPRIVATPATIENTÄRZTEKAMMERMFABEHANDLUNG

AB 21 Karteiführung

1. Aus welchen Gründen muss ein Arzt seine Kartei (auch die elektronischen Dateien) sorgfältig führen? Nennen Sie 3 Gründe.

____

____

____

____

____

2. Beschriften Sie die abgebildete Karteikarte mit den vorgegebenen Begriffen.

| Kartenkopf | Kartenfuß | Kartenrumpf | Kartenleiste |

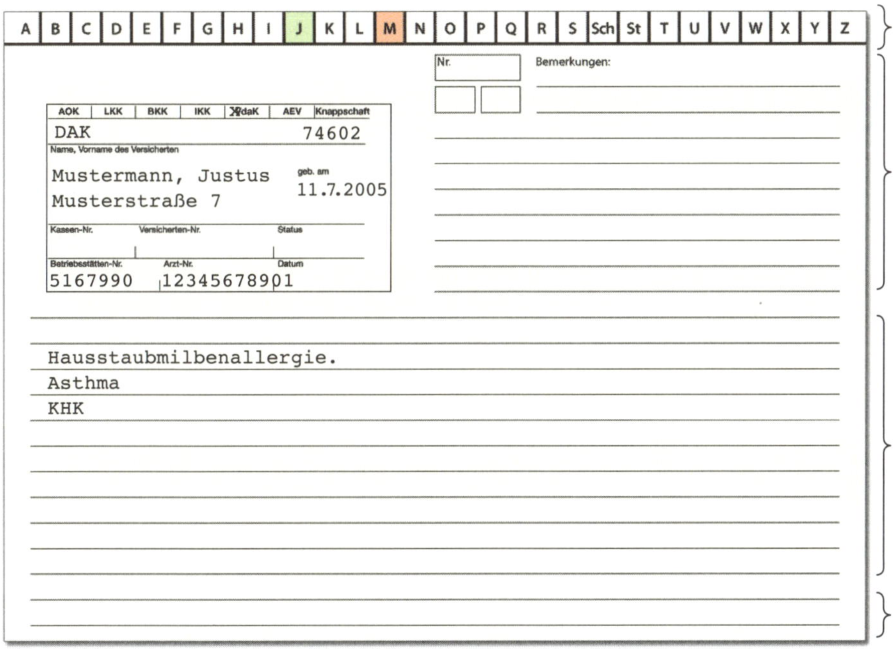

3. Neben dem alphabetischen Sortieren kann man auch alphanumerisch, chronologisch oder sachlich sortieren. Ordnen Sie den drei Ordnungssystemen die Beschreibungen zu, indem Sie die zusammengehörigen Paare farbig markieren.

alphanumerisch	chronologisch	sachlich
Die Unterlagen werden in zeitlicher Reihenfolge sortiert, z. B. AU-Bescheinigungen nach Ausstellungsdatum.	Die Unterlagen werden in zeitlicher Reihenfolge sortiert, z. B. nach Entstehung oder nach Posteingang.	Die Unterlagen werden sowohl nach Buchstaben als auch nach Zahlen sortiert, z. B. EKG 213, Rö 120.

Kaufmännische Ablage: neustes Schriftstück liegt oben	Amtsablage: ältestes Schriftstück liegt oben

AB 22 Karteiordnung

1. Karteikarten werden oft nach einem alphabetischen System geordnet. Finden Sie die passenden Paare und verbinden Sie diese mit Linien.

Gehrke, Beate
Gehrke, Konstantin
Gehrke, Tina

Schmidt
Schmidt, J.
Schmidt, Susanne

Keller
Keller, Susanne
Keller, Tim
Keller, Tim-Niklas

Meier, Petra 12.6.1980
Meier, Petra 28.10.1994

Lange, Selma
Lange-Kaufmann, Florian
Lange-Pohl, Angelika

Spree, Johann Graf von
Spree, Karla von
Spree, Prof. Dr. Martin von

Suessmilch, Adriana
Süßmilch, Charlotte
Süssmilch, Jan

Familiennamen mit mehreren Vornamen stehen hinter dem gleichen Familiennamen mit nur einem (gleichen) Vornamen.

Doppelnamen werden nach dem Einzelnamen sortiert und dann alphabetisch nach dem zweiten Familiennamen.

Der Familienname ist das erste Ordnungsmittel.

Die Umlaute ä, ö, ü werden wie wie ae, oe, ue behandelt, ß wird wie ss sortiert.

Familiennamen ohne Vornamen werden vor Familiennamen mit Vornamen sortiert. Abkürzungen werden wie ganze Namen sortiert.

Akademische Grade (z. B. Dr., Prof.), Berufstitel (z. B. Dipl. Ing), Namenszusätze, Vorsatzwörter (z. B. von) oder Adelstitel (z. B. Freiherr, Graf) werden bei der Sortierung nicht berücksichtigt.

Bei häufigen Familiennamen mit gleichem Vornamen kann z. B. das Geburtsdatum als weiteres Ordnungsmittel genommen werden.

2. Sortieren Sie die folgenden Namen entsprechend der DIN 5007, indem Sie jeweils die Zahlen von 1 bis 6 einfügen.

Schmitt, Niklas	Schmidt, Doris	Schmiedt, Anna Marie	Schmied, Karla	Schmidt, Dr. Werner	Schmitt, J. Freifrau von
Kärner, Prof. Dr. Petra	Kärner, Paula	Kähner, Thomas	Kerner, Paul-Jakob	Kerner,	Kerner- Langmann, Angelika

AB 23 Fachworttrainer Grundlagen I

1. Lösen Sie das folgende Kreuzworträtsel. (ä = ae, ö = oe, Ü = ue)

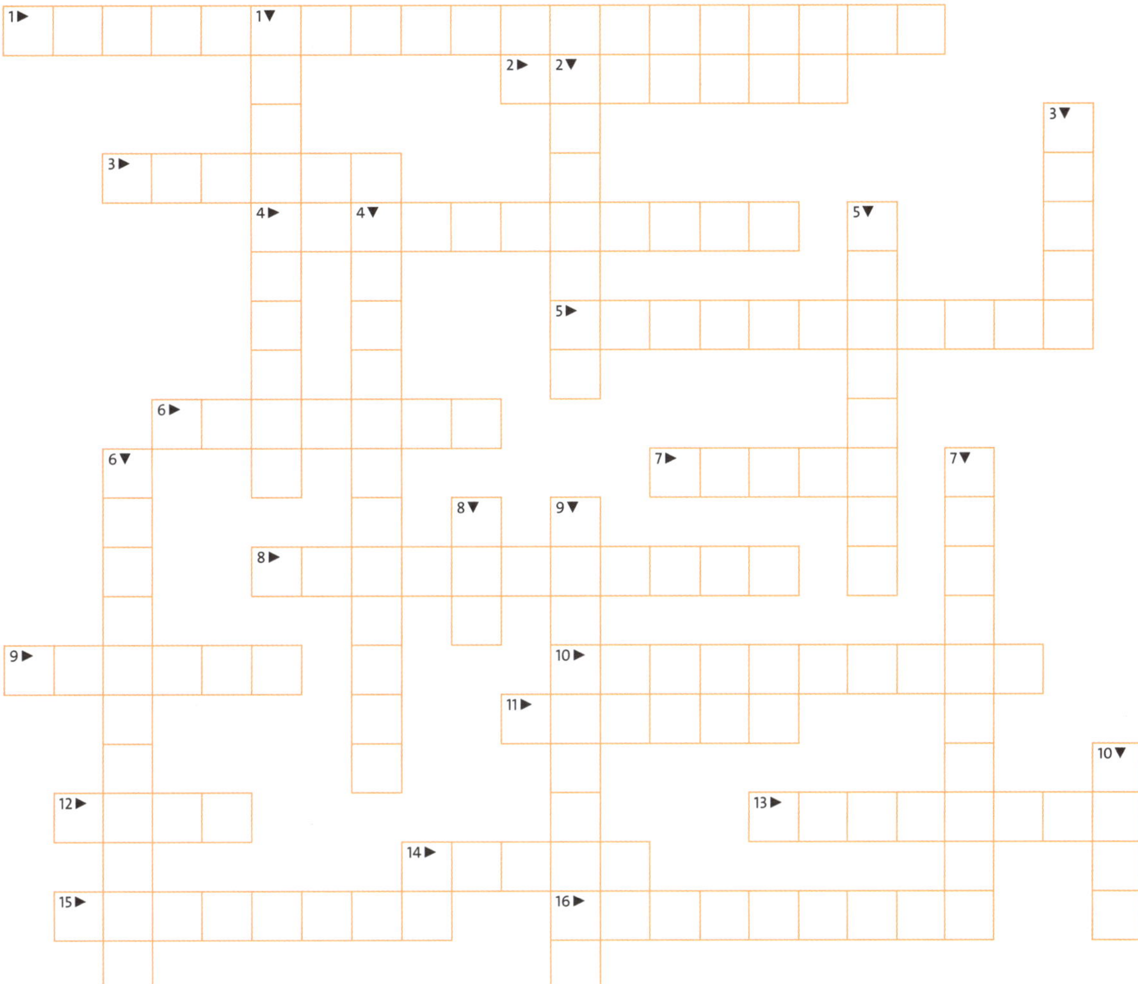

Waagerecht

1 Ärztliche Pflicht
2 Nachsilbe für Entfernung („herausschneiden“)
3 Lagebezeichnung für ‚von der Körpermitte weg‘
4 Früherkennung, Vorsorge
5 Darreichung, Verabreichung z. B. von Arzneimitteln
6 Facharzt für operative Behandlung
7 Organ, das zum Atmungssystem gehört
8 Dort findet stationäre Behandlung statt
9 Organ, das zum Nervensystem gehört
10 Geldleistung der Pflegeversicherung
11 Laborergebnis
12 Nachsilbe für -entzündung
13 Ärztliche Vorhersage
14 Teil der nonverbalen Kommunikation
15 Lagebezeichnung für ‚links‘
16 Patient hat ein Einsichtsrecht auf ... Daten

Senkrecht

1 Dort findet ambulante Behandlung statt
2 Lagebezeichnung für ‚zum Kopf gehörig‘
3 Organ, das zum Verdauungssystem gehört
4 Abhorchen, Abhören
5 Medizinische Vorgeschichte
6 Ärztliches Fachgebiet für Erkrankungen der Seele
7 Mitarbeit des Patienten
8 Abkürzung für das Robert-Koch-Institut
9 Betrachtung
10 Organ, das zum Herz-Kreislauf-System gehört

AB 24 Fachworttrainer Grundlagen II

1. Hoppla, hier ist was gehörig durcheinander geraten! Ersetzen Sie die unterstrichenen Begriffe durch ein anderes unterstrichenes Wort. Bei richtiger Lösung bleibt kein unterstrichenes Wort übrig.

Falscher Satz	Korrekter Satz
Pflegekassen sind die Kostenträger der Unfallversicherung und sind den Krankenkassen zugeordnet.	Pflegekassen sind die Kostenträger der ____________ und den Krankenkassen zugeordnet.
Entsprechend dem IfSG sind positive Laborergebnisse z. B. bei COVID-19, Masern und Kinderlähmung Pflicht.	Entsprechend dem IfSG sind ____________ z. B. bei COVID-19, Masern und Kinderlähmung Pflicht.
Die Gebührenordnung für die Privatpatienten heißt EBM.	Die Gebührenordnung für die Privatpatienten heißt ________.
Klärt der Arzt den Patienten nur teilweise auf, weil die ganze Wahrheit dem Patienten gesundheitlich schaden würde, dann ist die Dokumentationspflicht trotzdem erfüllt.	Klärt der Arzt den Patienten nur teilweise auf, weil die ganze Wahrheit dem Patienten gesundheitlich schaden würde, dann ist die ____________ trotzdem erfüllt.
Die gesetzliche Arbeitslosenversicherung gehört zu den Individualversicherungen.	Die gesetzliche Arbeitslosenversicherung gehört zu den ____________.
Der Behandlungsvertrag zwischen Arzt und Patient ist ein Werkvertrag.	Der Behandlungsvertrag zwischen Arzt und Patient ist ein ____________.
Die Gebührenordnung für die Kassenpatienten heißt GOÄ.	Die Gebührenordnung für die Kassenpatienten heißt ________.
Der Arzt darf dem Patienten die Einsicht in die objektiven Daten in der Karteikarte verweigern.	Der Arzt darf dem Patienten die Einsicht in die ____________ Daten in der Karteikarte verweigern.
Die Haftpflichtversicherung gehört zu den Sozialversicherungen.	Die Haftpflichtversicherung gehört zu den ____________.
Ein Vertrag mit Erfolgsgarantie ist ein Dienstvertrag.	Ein Vertrag mit Erfolgsgarantie ist ein ____________.
Das Infektionsschutzgesetz schreibt vor, dass namentliche Meldungen z. B. bei HIV und Hepatitis B zu melden sind.	Das Infektionsschutzgesetz schreibt vor, dass ____________ z. B. bei HIV und Hepatitis B zu melden sind.
Der Patient hat ein Einsichtsrecht in die subjektiven Daten in der Karteikarte.	Der Patient hat ein Einsichtsrecht in die ____________ Daten in der Karteikarte.
Die Aufklärungspflicht dient u. a. der Gedächtnisstütze des Arztes.	Die ____________ dient u. a. der Gedächtnisstütze des Arztes.
Die Berufsgenossenschaften (z. B. BGW) sind Kostenträger der gesetzlichen Pflegeversicherung.	Die Berufsgenossenschaften (z. B. BGW) sind Kostenträger der gesetzlichen ____________.

AB 1 Krankheitserreger

1. Ordnen Sie die folgenden Aussagen den vier Gruppen von Krankheitserregern in der Mitte zu. Verbinden Sie die passenden Aussagen und Krankheitserreger mit Linien.

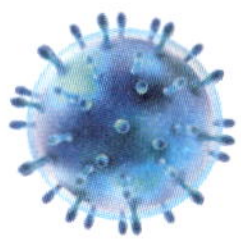

Sie sind infektiöse Eiweiße und besitzen keine Erbanlagen.

Sie sind sehr widerstandsfähig gegenüber Sterilisationsverfahren.

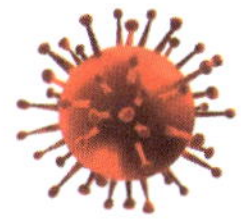

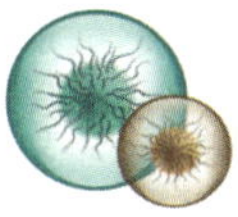

Die Krankheiten, die sie auslösen, heißen mit dem Fachbegriff Mykosen.

Prionen

Sie verursachen z. B. Malaria.

Pilze

Sie verursachen z. B. die Creutzfeldt-Jacob-Krankheit.

Sie können die Krankheitserreger von FSME und Borreliose übertragen.

Parasiten

Es handelt sich um tierische Einzeller.

Die Behandlung erfolgt mithilfe von Antimykotika.

Protozoen

Sie vermehren sich durch Sprossung oder durch Sporen.

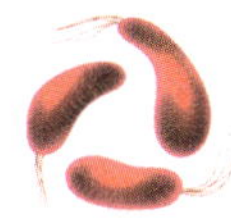

Zu ihnen zählen unter anderem Würmer und Läuse.

Sie lösen z. B. Krätze aus.

2. Kreuzen Sie an, ob die folgenden Aussagen auf Bakterien und/oder auf Viren zutreffen.

		Trifft zu auf ...	
		Bakterien	Viren
1	Sie sind ähnlich wie die menschliche Zelle aufgebaut, besitzen aber keinen Zellkern.		
2	Sie haben keinen Stoffwechsel.		
3	Sie verursachen z. B. Hepatitis oder AIDS.		
4	Sie werden durch Sterilisationsmaßnahmen vernichtet.		
5	Sie sind mithilfe eines Lichtmikroskops sichtbar zu machen.		
6	Sie lösen z. B. Tuberkulose aus.		
7	Einige Arten bilden Dauerformen, die z. T. jahrzehntelang überleben können.		
8	Sie vermehren sich mithilfe von Wirtszellen, in die sie eindringen und die sie umprogrammieren.		
9	Sie bestehen aus einem Eiweißmantel und Erbgut (DNA oder RNA).		
10	Sie vermehren sich ungeschlechtlich durch Querteilung.		

AB 2 Bakterien und Viren

1. Benennen Sie die abgebildeten Gruppen von Bakterien und nennen Sie je ein Beispiel für eine Krankheit, die sie auslösen.

	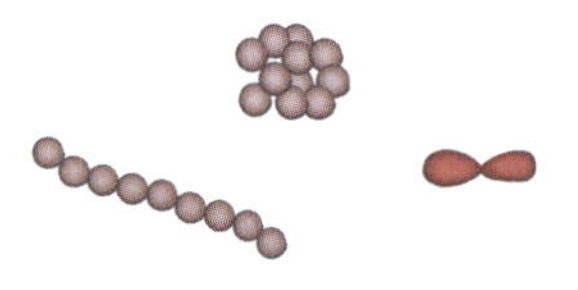	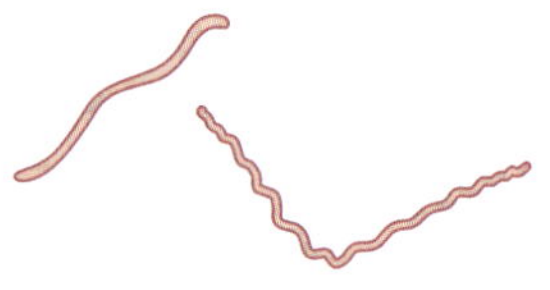	
Bezeichnung			
Krankheitsbeispiel			

2. Einige Bakterienarten verdoppeln sich alle 20 Minuten Berechnen Sie, wie viele Bakterien aus einem Bakterium in der Zeit zwischen 22 Uhr abends und 6 Uhr morgens entstehen können.

____

3. Ordnen Sie die Beschreibung der Virusvermehrung den Abbildungen zu, indem Sie die Zahlen eintragen.

1 Die umprogrammierte Zelle produziert aus dem Zellmaterial neue Viren.
2 Neue Viren verlassen die Wirtszelle, die abstirbt.
3 Viren docken an die Wirtszelle an.
4 Viren dringen in die Wirtszelle ein.
5 Viren entlassen ihr Erbgut in die Zelle und programmieren sie um.

4. Entscheiden Sie, ob die folgenden Krankheiten durch Bakterien oder durch Viren ausgelöst werden, indem Sie in die Kästchen ein B bzw. ein V schreiben

- ☐ Masern
- ☐ Mumps
- ☐ Keuchhusten
- ☐ Pfeiffersches Drüsenfieber
- ☐ Poliomyelitis
- ☐ Diphtherie
- ☐ Windpocken
- ☐ Scharlach
- ☐ FSME

5. Gegen welche der oben genannten Krankheiten gibt es keine Impfung?

____

Lernfeld 3

BEHANDLUNGSASSISTENZ

AB 3 Viren und Pilze

1. Begründen Sie, warum bei Krankheiten, die durch Viren verursacht werden, eine Therapie mit Antibiotika nicht sinnvoll ist.

____

____

2. Lösen Sie das folgende Silbenrätsel. Der erste Buchstabe jeden Wortes ergibt von oben nach unten gelesen das Lösungswort.

che	der	der	do	ek	en	feuch	fü	gan	gel	im	im	keit	kin	ko	ko	ko
ma	Mensch	mun	mun	my	my	my	nä	nas	or	phy
schwä	se	sen	sen	sen	spros	ße	sung	sys	tem	ten	Tier	tig	to	to	zu

1 ______________________
Diese Pilze befallen Haut, Nägel und Haare.

2 ______________________
Fachausdruck für Pilzerkrankungen von Schleimhaut und Organen.

3 ______________________
Eine Art der Vermehrung von Pilzen.

4 ______________________
Ein anderes Wort für die Verminderung der Abwehrmaßnahmen in unserem Körper.

5 ______________________
Ein Risikofaktor für das Auftreten einer Pilzerkrankung (zwei Worte).

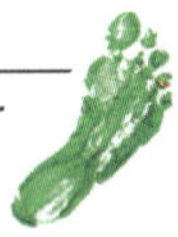

6 ______________________
In diesem Milieu vermehren Pilze sich gut.

7 ______________________
Fachausdruck für Pilzerkrankungen von Haut, Nägeln und Haaren.

8 ______________________
Auch diese Personengruppe sollte zum Schutz vor Pilzerkrankungen schon Schuhe tragen, die groß genug sind.

9 ______________________
Eine Möglichkeit der Übertragung von Pilzen.

10 ______________________
Dieses Organsystem wehrt Fremdsubstanzen wie z. B. Krankheitserreger ab.

11 ______________________
Hierfür sind Patienten während einer Chemotherapie besonders anfällig.

12 ______________________
Diese Bestandteile der Hände und Füße können von Pilzen befallen werden.

Lösungswort:

1	2	3	4	5	6	7	8	9	10	11	12

3. Nennen Sie drei Beispiele für Personengruppen, die besonders gefährdet sind, an Mykosen zu erkranken.

____

____

____

____

AB 4 Infektionskrankheiten

1. Ordnen Sie die Aussagen den Stadien von Infektionskrankheiten (orange Kästchen) zu. Verbinden Sie die passenden Aussagen und Stadien mit Linien.

In diesem Stadium treten unspezifische/uncharakteristische Symptome auf.

Krankheitserreger dringen in den Körper ein.

In diesem Stadium treten spezifische/charakteristische Symptome auf.

Infektion

Inkubationszeit

Prodromalstadium

Symptomstadium

Rekonvaleszenz

Die Symptome klingen ab, der Erkrankte fühlt sich allmählich besser.

Dies ist der Zeitraum zwischen der Ansteckung und dem Auftreten der ersten Symptome.

2. Der folgende Text beschreibt die Infektionskrankheit Masern. Unterteilen Sie den Text in die Stadien einer Infektionskrankheit. Markieren Sie die einzelnen Phasen mit einer Klammer und schreiben Sie an den Rand die jeweilige Phase.

Von der Infektion bis zum Ausbruch der Krankheit vergehen etwa 8 bis 10 Tage.
An Masern erkrankte Kinder zeigen zunächst Anzeichen einer schweren Erkältung mit Schnupfen und trockenem Husten.
Es kommt zu einer Bindehautentzündung mit geröteten und tränenden Augen. Kinder mit Masern empfinden das Tageslicht als schmerzhaft (Lichtempfindlichkeit).
Es kommt zu Fieberschüben bis 41 Grad Celsius.
Etwa vier Tage nach den ersten Beschwerden der Masern entsteht ein roter, fleckiger Hautausschlag: Kleinere hellrote Flecken fließen allmählich zu größeren roten Flächen zusammen.
Der Ausschlag beginnt meist hinter den Ohren, am Hals und im Gesicht; innerhalb von ein bis zwei Tagen breitet er sich über den gesamten Körper aus.
Der maserntypische Ausschlag hält zirka fünf Tage an.
Die Lymphknoten am Hals können anschwellen und empfindlich sein. Verschwinden das Fieber und der Ausschlag, kann nach der Maserninfektion eine kleieartige Schuppung zurückbleiben.
Nach etwa einer Woche bis zehn Tagen verbessert sich der Gesundheitszustand der Erkrankten.

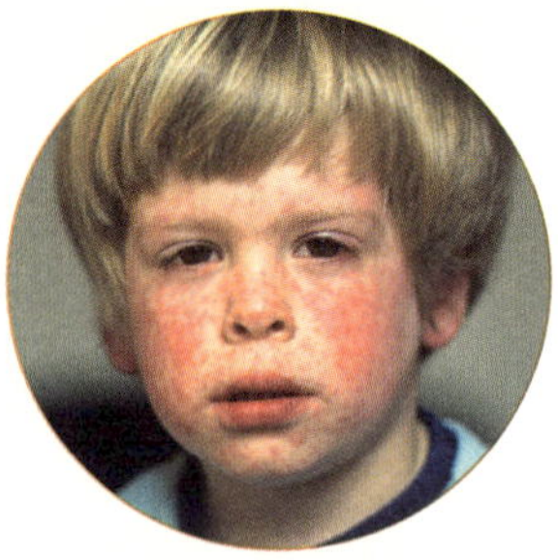

AB 5 Übertragungswege

1. Kreisen Sie ein, welche Aussagen auf die angegebenen Übertragungswege zutreffen. Bei richtiger Lösung ergibt sich durch die Buchstaben in den farbigen Kästchen der Terminus für ‚verunreinigt'.

		Tröpfcheninfektion	Nahrungsmittelinfektion	Kontaktinfektion	Transplazentare Infektion	Schmierinfektion	Infektion durch tierische Zwischenträger
1	Die Erreger von Bronchitis und Pneumonie werden auf diesem Weg übertragen.	K	I	F	Ü	S	N
2	Die Erreger der Gonorrhoe und der Syphilis werden auf diesem Weg übertragen.	N	F	O	U	A	B
3	In der Arztpraxis können die Erreger der Hepatitis B auf diesem Weg übertragen werden.	E	D	F	O	N	M
4	Die Erreger von Magen-Darm-Erkrankungen und Hepatitis A werden auf diesem Weg übertragen.	R	T	I	E	G	H
5	Die Erreger von Malaria, FSME und Borreliose werden auf diesem Weg übertragen.	T	I	U	K	Ü	A
6	Rötelnviren und HI-Viren werden auf diesem Weg übertragen.	W	T	A	M	Ä	Z
7	Es handelt sich um die Übertragung der Erreger z. B. durch sexuelle Kontakte	V	X	I	R	E	M
8	Es handelt sich um die Übertragung der Erreger z. B. durch Zecken, Mücken oder Fliegen.	B	D	A	O	I	N
9	Es handelt sich um die Übertragung der Erreger z. B. durch verschmutzte Gegenstände.	T	Z	N	E	I	U
10	Es handelt sich um die Übertragung der Erreger z. B. durch Nahrungsmittel und Wasser.	W	E	D	Ö	D	A
11	Es handelt sich um die Übertragung der Erreger z. B. durch Speicheltröpfchen.	R	U	F	A	S	N
12	Es handelt sich um die Übertragung der Erreger über die Plazenta.	Q	E	U	T	O	R

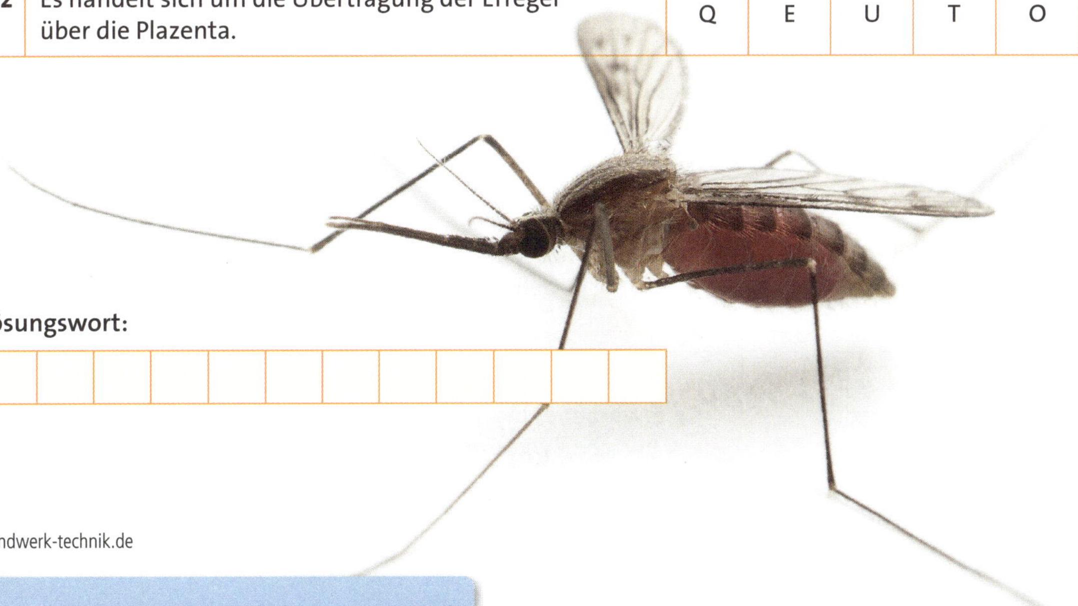

Lösungswort:

AB 6 Hepatitis B

1. Ergänzen Sie die Karteikarte zur Hepatitis B.

Hepatitis B	
Auslösender Krankheitserreger	
mögliche Übertragungswege	
Inkubationszeit	
Symptome im Prodromalstadium	
Symptome/Befunde im Symptomstadium	
Therapie	
Prävention	
Komplikationen	

2. Markieren Sie die richtigen Aussagen zur Krankheit AIDS in grün, die falschen in rot.

- Das HI-Virus kann nach ca. 3–12 Wochen indirekt nachgewiesen werden, weil sich dann im Körper des Infizierten Antikörper gebildet haben.
- Die Krankheit ist so schwerwiegend, dass Patienten in Deutschland innerhalb weniger Monate sterben.
- AIDS ist bei MFA als Berufskrankheit anerkannt.
- Das HI-Virus wird z. B. durch Händeschütteln bei der Begrüßung übertragen.
- Eine Schutzmaßnahme vor AIDS ist eine Impfung.
- Die HI-Viren vernichten die Gedächtniszellen.
- Als Therapie werden z. B. virushemmende Medikamente verabreicht.
- Die Abkürzung AIDS steht für erworbenes Immunschwäche-Syndrom.
- Besonders viele HI-Viren befinden sich im Blut, im Sperma und im Scheidensekret.

AB 7 Meldepflicht

1. Nennen Sie Beispiele für Untersuchungsmaterialien, die man in der Arztpraxis für den Nachweis von Krankheitserregern benutzen kann.

____

____

____

2. Einige Infektionskrankheiten sind meldepflichtig. Die Meldepflicht ist im Infektionsschutzgesetz geregelt. Begründen Sie, warum die Meldepflicht wichtig ist.

____

____

____

3. Wer muss die Krankheiten bzw. den Nachweis von Krankheitserregern melden und an welche Institution muss gemeldet werden?

____

____

____

4. Kreuzen Sie in der Tabelle an, was bezüglich der Meldepflicht gilt.

Krankheit	keine Meldepflicht	Meldung der Krankheit	Meldung des Erregernachweises	namentliche Meldung	nicht-namentliche Meldung
AIDS/HIV					
COVID-19					
FSME					
Gonorrhoe					
Hepatitis B					
Masern					
Mumps					
Röteln					
Salmonellose					
Scharlach					
Tetanus					
Tuberkulose					
Windpocken					

AB 8 Impfungen I

1. Entscheiden, ob die folgenden Aussagen auf die aktive oder die passive Immunisierung zutreffen. Kreisen Sie jeweils den richtigen Buchstaben ein. Bei richtiger Lösung ergibt sich als Lösungswort eine Krankheit, gegen die geimpft werden kann.

		Aktive Immunisierung	Passive Immunisierung
1	Es werden Antigene injiziert.	U	M
2	Der Impfschutz besteht sehr schnell nach der Injektion.	A	R
3	Der Körper reagiert auf die Immunisierung, indem er Antikörper bildet.	I	L
4	Beispiele hierfür sind die Immunisierungen gegen Mumps, Masern und Röteln.	S	A
5	Der Impfschutz tritt nach etwa 14 Tagen ein.	P	R
6	Diese Impfung wird bei Verdacht auf eine Infektion gegeben.	I	S
7	Es werden spezifische Antikörper oder Immunglobuline injiziert.	A	S
8	Der Impfschutz hält wenige Wochen an.	E	T
9	Der Impfschutz hält Jahre bis Jahrzehnte an.	E	D

Lösungswort:

5	9	2	8	1	4	7	3	6

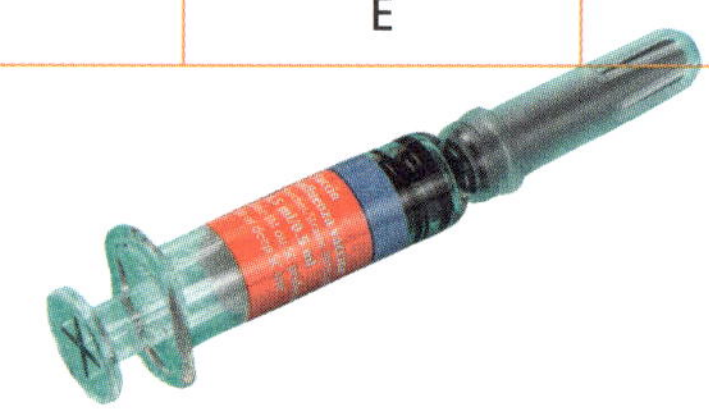

2. Erklären Sie, was man unter einer Mehrfachimpfung und einer Simultanimpfung versteht. Nennen Sie jeweils Beispiele.

	Erklärung	Beispiele
Mehrfachimpfung		
Simultanimpfung		

3. Welche Regeln müssen Sie beim Transport und bei der Lagerung von Impfstoffen beachten?

___

___

___

AB 9 Impfungen II

1. Erklären Sie den Unterschied zwischen Lebendimpfstoffen und Totimpfstoffen. Nennen Sie auch Beispiele.

	Erklärung	Beispiele
Lebend-impfstoff		
Tot-impfstoff		

2. Welche Institution empfiehlt in Deutschland Impfungen? Warum ist die Empfehlung dieser Institution für die Patienten wichtig?

____

____

____

3. Entscheiden Sie bei den folgenden Aussagen, ob diese richtig oder falsch sind. Streichen Sie die falschen Aussagen durch. Korrigieren Sie die Sätze mit falschen Aussagen in der Tabelle.

1 Bei Indikationsimpfungen handelt es sich um Impfungen, die für alle Personen empfohlen werden.
2 Medizinisches Personal sollte gegen Hepatitis B geimpft sein.
3 In Deutschland gibt es eine allgemeine Impfpflicht.
4 Bei Impfstoffen darf während des Transportes die Kühlkette nicht unterbrochen werden.
5 Menschen über 60 Jahre sollten sich alle 10 Jahre gegen Virusgrippe impfen lassen.
6 In bestimmten Gebieten in Deutschland sollten Personen sich gegen FSME impfen lassen.

	Richtig	Falsch	Korrektur der falschen Aussagen
1			
2			
3			
4			
5			
6			

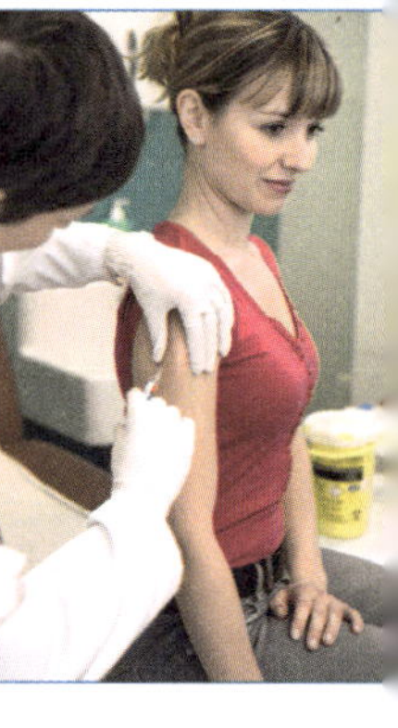

BEHANDLUNGSASSISTENZ Lernfeld 3

AB 10 Impfungen in der Diskussion

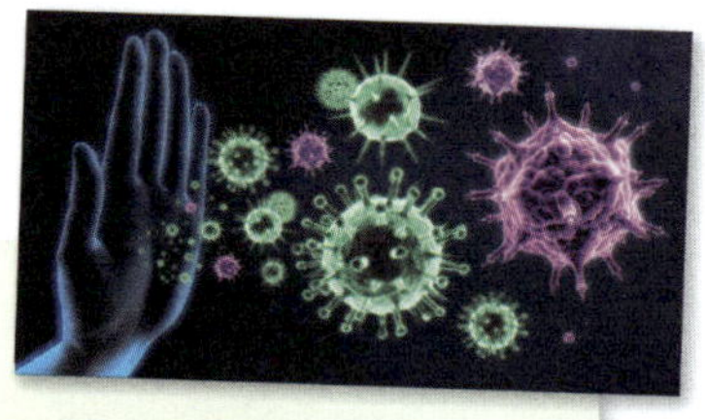

Frau Wolter ist mit ihrer 6-jährigen Tochter in die Praxis gekommen, um ihren eigenen Impfschutz und den ihrer Tochter überprüfen zu lassen. Sie kontrollieren die Impfpässe beider Patientinnen und stellen fest, dass einige Auffrischimpfungen notwendig sind. Frau Wolter ist sich aber nicht sicher, ob sie sich und ihre Tochter überhaupt weiterhin impfen lassen sollen. Sie habe in letzter Zeit viele Meinungen gegen Impfungen gehört und sei sehr verunsichert. Und das mit dem Herdenschutz hätte sie sowieso nicht verstanden.

1. Erklären Sie Frau Wolter, warum Impfungen wichtig sind. Erläutern Sie auch den Begriff Herdenschutz.

2. Warum soll medizinisches Personal gegen Hepatitis B und Virusgrippe geimpft sein?

3. Wie müssen Impfungen dokumentiert werden? Ergänzen Sie die Lücken.

Impfungen müssen in der Kartei des Patienten mit folgenden drei Angaben dokumentiert werden:

1. ________________ 2. ________________ 3. ________________

Außerdem muss eine Eintragung mit den gleichen Angaben im ______________ vorgenommen werden. Der Eintrag muss ______________ werden und der Arzt muss ______________.

4. Seit kurzer Zeit gibt es in Deutschland eine Impfpflicht gegen Masern. Begründen Sie, warum dies wichtig ist.

AB 11 Praxishygiene, Desinfektionsplan

1. Begründen Sie, warum Hygiene in der Arztpraxis so wichtig ist.

____

____

2. Nennen Sie Hygienemaßnahmen, die Sie in der Arztpraxis durchführen.

____

____

3. Nennen Sie Beispiele für Gesetze und Verordnungen, die die Hygiene in der Arztpraxis regeln.

____

____

____

____

____

____

4. Ergänzen Sie die fünf W im folgenden Desinfektionsplan.

W__________	W__________	W__________	W__________	W__________
Stethoskop	Nach Benutzung	Wisch-desinfektion	Produkt XY Konzentration 1 % Einwirkzeit 15 Min.	Arzt MFA
...	...	...	...	...

BEHANDLUNGSASSISTENZ

Lernfeld 3

5. Kreuzen Sie an, ob die folgenden Aussagen zum Desinfektionsplan richtig oder falsch sind.

		Richtig	Falsch
1	Chirurgische Praxen müssen Desinfektionspläne erstellen, in anderen Fachgebieten ist sie freiwillig.		
2	Es reicht, wenn eine Praxis einen Desinfektionsplan für alle Funktionsbereiche erstellt.		
3	Der Desinfektionsplan muss erneuert werden, wenn man z. B. die Produkte wechselt.		
4	Die Regelungen, die im Desinfektionsplan niedergeschrieben sind, gelten nur für Auszubildende.		
5	Die Mitarbeiter müssen in regelmäßigen Abständen in den Desinfektionsplan eingewiesen werden.		
6	Ein einmal erstellter Desinfektionsplan gilt so lange, bis der Praxisinhaber wechselt.		

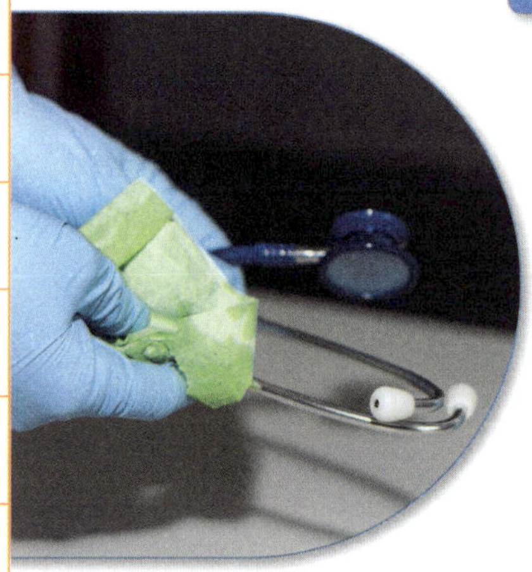

AB 12 Medizinprodukte, persönliche Hygiene

1. Medizinprodukte werden in drei Risikogruppen eingestuft. Ordnen Sie die Kästchen derselben Risikogruppe einander zu. Markieren Sie sie dafür jeweils mit der gleichen Farbe.

unkritische Medizinprodukte

semikritische Medizinprodukte

kritische Medizinprodukte

Medizinprodukte, die mit Schleimhäuten oder krankhaft veränderter Haut in Berührung kommen

sehr hohe Anforderungen an die Wiederaufbereitung

z. B. Blutdruckmanschetten, Stethoskope, Saugelektroden

z. B. Skalpelle, Wundhaken, Kanülen, Akupunkturnadeln

z. B. Scheren, Klemmen, Pinzetten, Endoskope

Medizinprodukte, die die Haut/Schleimhäute durchdringen und dabei mit Blut in Berührung kommen

keine besonderen Anforderungen an die Wiederaufbereitung

erhöhte Anforderungen an die Wiederaufbereitung

Medizinprodukte, die nur mit intakter Haut in Berührung kommen

2. Ihre neue Auszubildende Lisa kommt heute zu ihrem ersten Arbeitstag in die Praxis. Schauen Sie sich Lisa an. Notieren Sie, was Lisa in Bezug auf ihre persönliche Hygiene für die Arbeit in der Praxis ändern muss.

3. Erklären Sie die Begriffe Arbeitskleidung/Berufskleidung und Schutzkleidung.

	Erklärung
Arbeitskleidung/ Berufskleidung	
Schutzkleidung	

AB 13 Arbeits- und Schutzkleidung, Händedesinfektion

1. Wer übernimmt die Kosten für die Beschaffung und Reinigung der Arbeits- und der Schutzkleidung?

____

____

2. Die hygienische Händedesinfektion ist eine wichtige Maßnahme in der ärztlichen Praxis. Kreuzen Sie an, ob im Zusammenhang mit den beschriebenen Situationen die Durchführung der hygienischen Händedesinfektion notwendig oder nicht notwendig ist.

		notwendig	nicht notwendig
1	Die MFA bereitet die Materialien für eine i. m.-Injektion vor, die die Kollegin dann verabreicht.		
2	Die MFA bringt dem Arzt Rezepte zur Unterschrift in das Sprechzimmer.		
3	Die MFA fängt nach der Mittagspause wieder an zu arbeiten.		
4	Die MFA kommt als erste in die Praxis, stellt die Kaffeemaschine an und fährt die Computer hoch. Dann lässt sie die ersten Patienten in die Praxis.		
5	Die MFA legt die Materialien für eine Venenpunktion bereit und führt die venöse Blutentnahme dann selbst durch.		
6	Die MFA nimmt den Urin von einem Patienten entgegen, den dieser von zuhause mitgebracht hat.		
7	Die MFA packt eine Warensendung mit Praxisflyern aus und legt sie auf den Anmeldetresen.		
8	Die MFA scannt Befundberichte ein und fügt sie in die Patientenkartei ein.		
9	Die MFA sortiert die Post, die der Zusteller auf den Anmeldetresen gelegt hat.		
10	Einige Patienten begrüßen die MFA und die Ärzte mit Handschlag.		

3. Nennen Sie zwei Begründungen, warum eine korrekt durchgeführte hygienische Händedesinfektion dreißig Sekunden dauern muss.

1. ____

____

2. ____

____

4. Kreisen Sie die Stellen n der abgebildeten Hand ein, bei denen man bei einer nicht fachgerecht durchgeführten Händedesinfektion häufig Benetzungslücken findet.

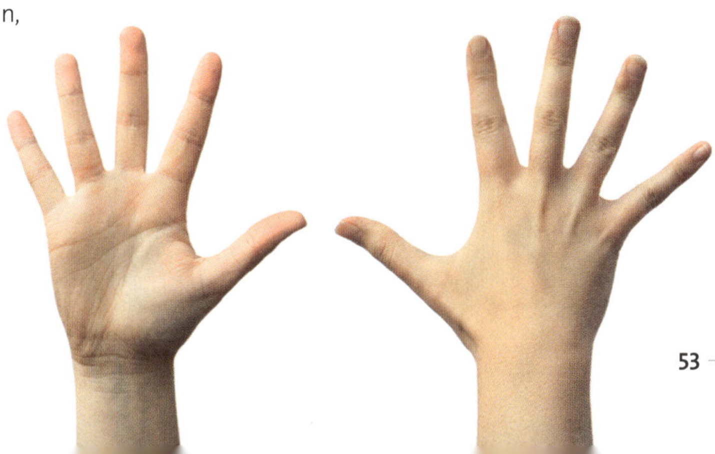

AB 14 Einreibemethode, chirurgische Händedesinfektion

1. Beschreiben Sie anhand der Abbildungen, worauf man bei der eigenverantwortlichen Einreibemethode der hygienischen Händedesinfektion achten muss.

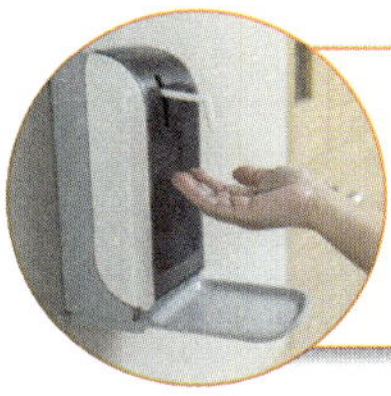

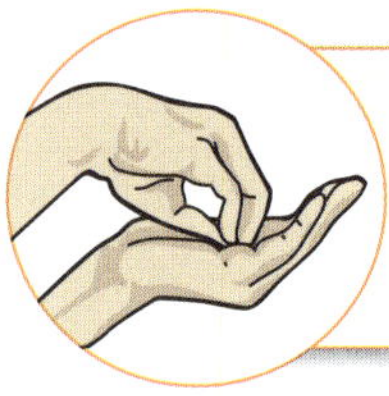

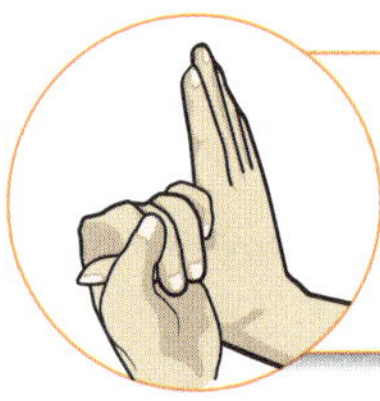

2. Erläutern Sie mithilfe der vier Abbildungen die chirurgische Händedesinfektion.

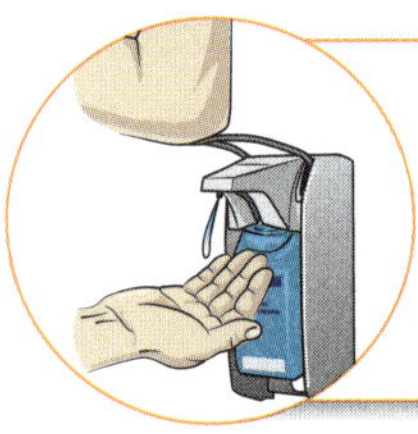

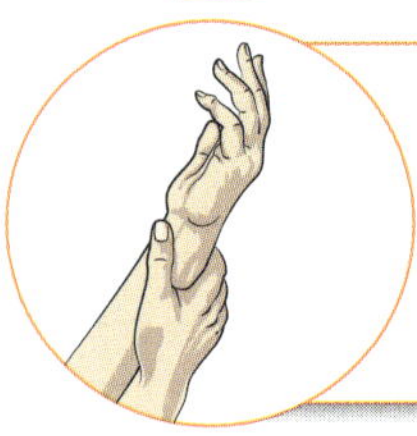

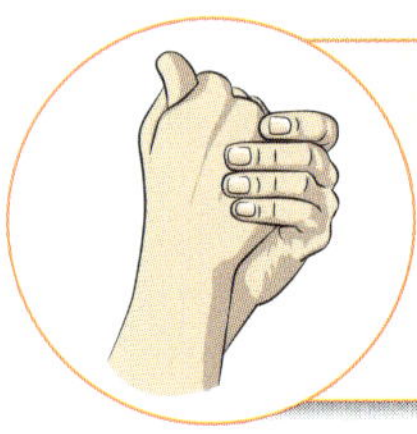

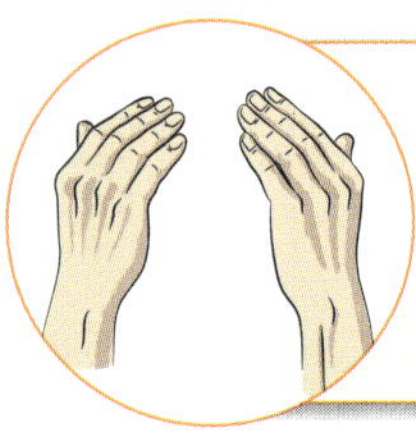

AB 15 Chirurgische Händedesinfektion, Instrumentendesinfektion

1. Beschreiben Sie, wann die Hände vor der chirurgischen Händedesinfektion gewaschen werden müssen.

____

____

2. Warum ist die Handpflege nach der Händedesinfektion so wichtig?

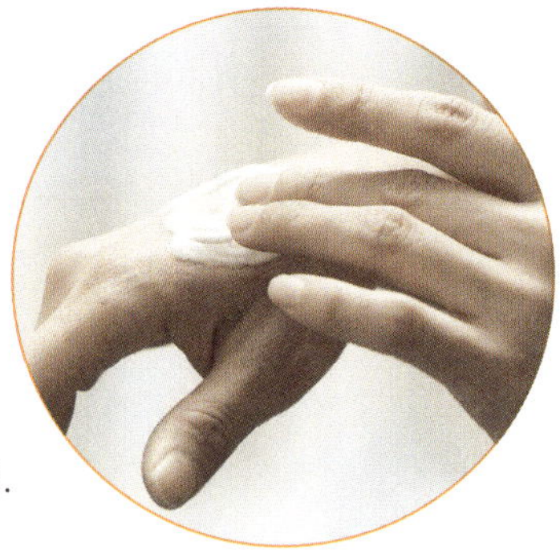

____

____

3. Sie haben ein neues Konzentrat für die Instrumentendesinfektion bestellt. Es ist heute geliefert worden. Sie lesen das Etikett durch. Beantworten Sie die Fragen zu diesem Mittel.

DOSODOM – Instrumenten-Desinfektionsmittel-Konzentrat

100 g enthalten: 27 g Didecyldimethylammoniumchlorid, 35 g Nonylphenolethoxylat, Duft- und Hilfsstoffe
Wirkungsspektrum: fungizid, bakterizid, viruzid
Dosierung laut VAH:

Wirksam gegen	Konzentration	Einwirkzeit
HBV, HIV	3,5 %	30 Minuten
Bakterien	2 %	45 Minuten
Pilze	6,5 %	60 Minuten

Das Desinfektionsmittel muss mit kaltem Wasser angesetzt werden.

Beachten Sie die Vorschriften der BGW:
Vermeiden Sie Hautkontakt mit dem Mittel. Halten Sie das Mittel von Kindern fern.

a. Geben Sie an, gegen welche Gruppen von Krankheitserregern das Mittel wirksam ist.

____

____

b. Begründen Sie, warum man Hautkontakt mit dem Mittel vermeiden soll.

____

____

c. Kreuzen Sie an, welche Bedeutung das im Etikett abgebildete Gefahrenpiktogramm hat.

- ○ Gefahr Gift
- ○ Achtung entzündlich
- ○ Achtung ätzend
- ○ Gesundheitsgefahr
- ○ Warnung vor Biogefährdung

d. Berechnen Sie: Sie benötigen 3 Liter der Desinfektionslösung für Instrumente, die bei einem an AIDS erkrankten Patienten benutzt wurden. Wie viel Konzentrat und wie viel Wasser benötigen Sie?

AB 16 Instrumentendesinfektion

1. Warum muss Desinfektionsmittel-Konzentrat mit kaltem Wasser angesetzt werden?

____

____

2. Erklären Sie, wofür die Abkürzungen auf dem Etikett auf Seite 55 stehen:

HBV: ____

HIV: ____

VAH: ____

BGW: ____

3. Sie setzen ein Desinfektionsbad an. Kreuzen Sie an, wie Sie korrekt vorgehen.

- ○ **Sie geben Wasser in die Desinfektionswanne und geben dann Konzentrat dazu. Dann vermischen sie beides mit den Händen.**
- ○ **Sie geben Wasser in die Desinfektionswanne und geben dann Konzentrat dazu. Sie vermischen beides durch langsames Anheben und Absenken des Siebeinsatzes.**
- ○ **Sie geben Konzentrat in die Desinfektionswanne und geben dann Wasser dazu. Dann vermischen sie beides mit den Händen.**
- ○ **Sie geben Konzentrat in die Desinfektionswanne und geben dann Wasser dazu. Sie vermischen beides durch langsames Anheben und Absenken des Siebeinsatzes.**

4. Sie sollen benutzte Instrumente, die eitrig-blutig sind, für die Sterilisation vorbereiten. In welcher Reihenfolge gehen Sie vor? Tragen Sie die Ziffern in die Kästchen ein.

	Instrumente abtrocknen und verpacken
	Instrumente in das Desinfektionsbad einlegen, Scheren und Klemmen vorher öffnen
	Einwirkzeit abwarten
	grobe Verschmutzungen mit Zellstoff entfernen
	Instrumente erneut mit z. B. voll entmineralisiertem Wasser (VE-Wasser) abspülen
	Instrumente evtl. in einem Desinfektionsbad unter der Flüssigkeitsoberfläche mechanisch nachreinigen
	Kontrollieren, ob sich noch Verschmutzungen auf den Instrumenten befinden
	Instrumente nach Ablauf der Einwirkzeit z. B. mit voll entmineralisiertem Wasser (VE-Wasser) abspülen

5. Wie wird das abgebildete Gerät genannt? Nennen Sie die Abkürzung und die vollständige Bezeichnung.

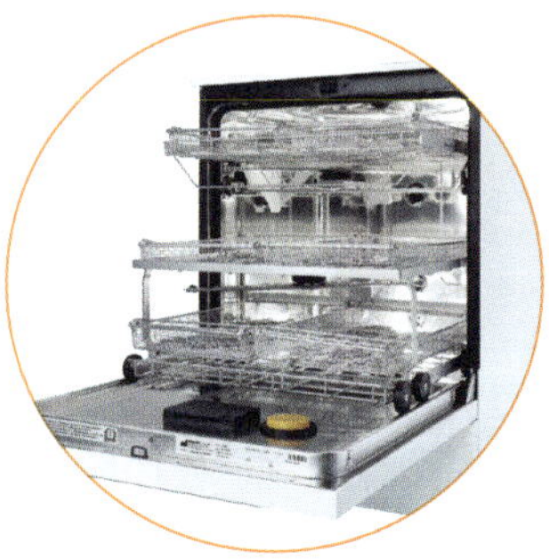

____

____

____

Lernfeld 3

BEHANDLUNGSASSISTENZ

AB 17 Flächendesinfektion, Verbandswechsel

1. Sie sollen in der Praxis die Arbeitsflächen im Labor desinfizieren.
Kreuzen Sie an, wie Sie die Flächen desinfizieren.

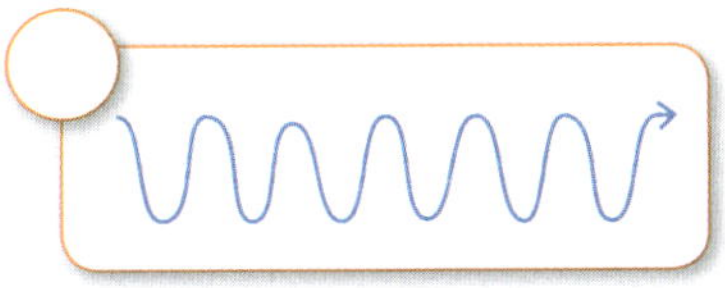

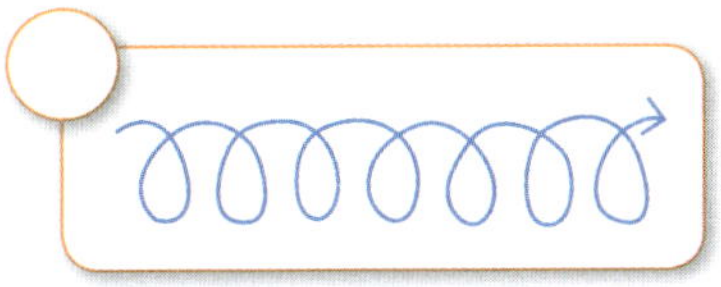

2. Nennen Sie den Terminus für die Technik, mit der Sie die Flächendesinfektion durchführen.

____

3. Nennen Sie drei Regeln, die Sie bei der Durchführung der Flächendesinfektion beachten müssen.

____

____

____

____

____

____

4. Nennen Sie Beispiele für Flächen, die in der Praxis (mehrmals) täglich oder nach jedem Patientenkontakt desinfiziert werden müssen.

____

____

____

____

____

5. Sie sollen bei einem Patienten einen Verband (Zustand nach Fingernagelentfernung) wechseln.
In welcher Reihenfolge müssen Sie korrekterweise vorgehen? Notieren Sie die Ziffern in der korrekten Reihenfolge. Die Ziffern können mehrfach verwendet werden.

1 Hände bei Bedarf waschen
2 Handschuhe ausziehen
3 Hände desinfizieren
4 Hände pflegen
5 Verbandswechsel durchführen
6 Handschuhe anziehen

Reihenfolge:

6. Warum erfolgt das Händewaschen nur bei Bedarf?

____

AB 18 Sterilisation, Abfallentsorgung

1. Beschreiben Sie den Unterschied zwischen der Desinfektion und der Sterilisation.

____

____

____

____

2. Entscheiden Sie, ob die Aussagen zur Sterilisation mit dem Autoklaven richtig oder falsch sind. Kreisen Sie jeweils den richtigen Buchstaben ein. Bei richtiger Beantwortung ergibt sich ein Lösungswort.

		Richtig	Falsch
1	Für eine sichere Sterilisation müssen 134 Grad Celsius und 3 bar Druck erreicht sein.	M	S
2	Im Autoklaven können Kunststoffe nicht sterilisiert werden.	R	E
3	Zur Überprüfung des Sterilisationserfolges muss ein medizinischer Hohlkörper sterilisiert werden.	E	T
4	Instrumente müssen vor der Sterilisation nicht desinfiziert werden, weil der Autoklav mit Wasserdampf arbeitet.	E	I
5	MFA dürfen Sterilisationsvorgänge nur durchführen, wenn sie einen Sachkundelehrgang absolviert haben.	K	S
6	Die Sterilisationszeit bei 121 Grad Celsius und 2 bar Druck beträgt 5 Minuten.	I	R
7	Eingepackte Instrumente können auf einem perforierten Tablett übereinander gestapelt werden, um mehr Instrumente bei einem Sterilisiervorgang zu sterilisieren.	L	I
8	Für den Autoklaven muss man destilliertes Wasser/VE-Wasser verwenden.	F	E

Lösungswort:

5	3	4	1	8	6	2	7

3. Es müssen regelmäßig Sterilisationskontrollen durchgeführt werden. Sie erfolgen u. a. mit Indikatoren. Wie wird der abgebildete Indikator genannt?

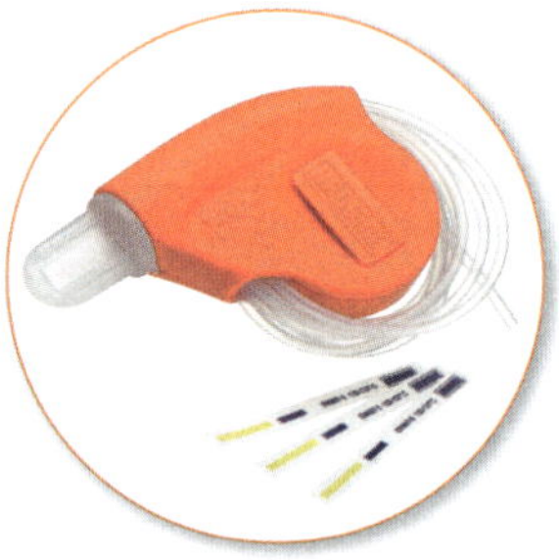

____

4. In der Arztpraxis fallen täglich Abfälle an. Kreuzen Sie an, wie diese korrekt entsorgt werden.

	Restmüll	Wertstoffsammlung	Schadstoffsammlung	Durchstichsicherer, bruchfester Behälter (dann Restmüll)	Verschließbarer, fester Behälter (dann Restmüll)
benutzte Kanülen					
Ärztezeitung					
abgenommener Gipsverband					
Röntgenchemikalien					
benutzte Tupfer					

Lernfeld 3 BEHANDLUNGSASSISTENZ

AB 19 Hygienerisiken

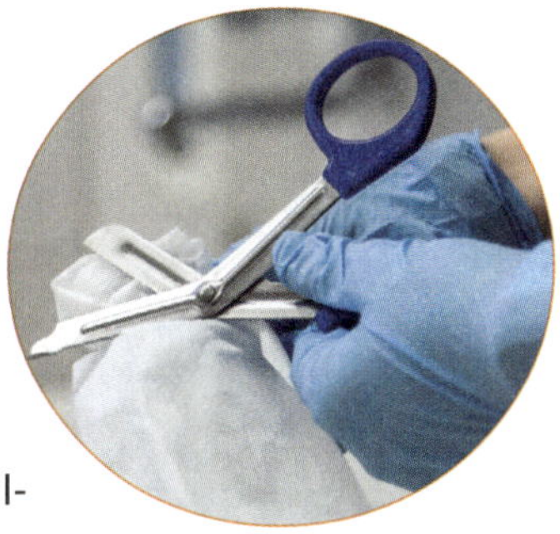

1. Beurteilen Sie die folgende Situation. Markieren Sie die Zeilen, in denen Hygienerisiken auftreten. Formulieren Sie in der unten stehenden Tabelle, wie man korrekt vorgeht.

Die Arbeit in der Praxis ist für Frau Dr. Jessen und ihre Mitarbeiterinnen recht anstrengend, da täglich viele Patienten die Praxis aufsuchen. Die neue Auszubildende Nicole ist hauptsächlich mit Aufräum- und Desinfektionsarbeiten beschäftigt. Heute Morgen waren etliche Patienten zur Blutentnahme einbestellt. Nicole hat ihrer Kollegin bei den Blutentnahmen assistiert und räumt jetzt die restlichen Materialien weg. Da einige Bluttropfen auf der Arbeitsfläche zu sehen sind, wischt sie diese mit einem Alkoholtupfer weg.
Frau Dr. Jessen bittet Nicole, in den Punktionsraum zu kommen. Sie soll heute das erste Mal bei einer Gelenkpunktion assistieren.
Sie wäscht sich schnell die Hände, trocknet sie ab und eilt in den Punktionsraum. Dann reicht sie der Ärztin die benötigten, z. T. sterilen Materialien an. Nach der Punktion beseitigt sie die angefallenen Abfälle:
Die extra lange Kanüle kommt in den Müllbeutel, nachdem sie die Schutzhülle wieder aufgesteckt hat. Die Spritze wirft sie in den Abfalleimer im Punktionsraum. Weil sie etwas Blut an die Hände bekommen hat, wäscht sie sich gründlich ihre Hände und benutzt dann ein Händedesinfektionsmittel.
In der folgenden Stunde ist sie mit Verwaltungsarbeiten beschäftigt.
Die Kollegin, die der Ärztin bei kleineren chirurgischen Eingriffen assistiert hat, drückt Nicole nach einer Abszesseröffnung die benutzten Instrumente in die Hand und fordert sie auf, diese zu reinigen. Also wäscht sie auch diese Instrumente unter fließendem kalten Wasser ab und legt sie in das Desinfektionsbad. Da Nicole die Konzentration des Desinfektionsbades zu gering erscheint, gießt sie noch etwas Konzentrat nach.
Alle Instrumente sollen noch vor der Mittagspause sterilisiert werden. Hierfür spült Nicole die Instrumente und Geräte ab und verpackt sie. Da im Wasserbehälter des Autoklavs zu wenig Wasser vorhanden ist, lässt sie noch ein wenig destilliertes Wasser nachlaufen. Dann schiebt sie die ganzen Materialien in den Autoklaven, den sie auf 121 °C, 1 bar und 10 Minuten Sterilisationszeit einstellt.
Danach gönnt sie sich ihre wohlverdiente Mittagspause.

Zeilen	So geht man korrekt vor

AB 20 Fachworttrainer Praxishygiene

1. Ordnen Sie den Begriffen die Übersetzung bzw. die Erklärung zu, indem Sie die jeweilige Ziffer einsetzen.

1 AIDS
2 Antigen
3 Antikörper
4 Bakterien
5 bakterizid
6 Dermatophyten
7 diaplazentare Infektion
8 Ektomykosen
9 Endomykosen
10 Fungizid
11 Ikterus
12 Immunglobuline
13 Immunisierung
14 Infektion
15 Inkubationszeit
16 Kontaktinfektion
17 Kontamination
18 Krätze
19 Mykosen
20 Parasiten
21 Prävention
22 Prionen
23 Prodromalstadium
24 Protozoen
25 Rekonvaleszenz
26 Schmierinfektion
27 Simultanimpfung
28 Skleren
29 Sporen
30 Sprossung
31 Sputum
32 Sterilisation
33 Symptomphase
34 Tetanus
35 Tröpfcheninfektion
36 Viren
37 viruzid

- erworbene Immunschwäche
- Übertragung von Krankheitserregern durch Anhusten, Anniesen
- Auswurf
- fremde Substanz, Krankheitserreger
- bakterienabtötend
- Vermehrungsart bei Pilzen
- Übertragung von Krankheitserregern durch kontaminierte Gegenstände
- Hautkrankheit, ausgelöst durch Milben
- Ansteckung
- Genesungsphase
- Augenweiß
- Pilzerkrankungen
- Verfahren zur Keimfreimachung
- tierische Einzeller
- Impfung
- Viren vernichtend
- Schmarotzer
- Besiedelung mit Keimen, Verschmutzung
- Vorsorge, Vorbeugung
- pilzabtötend
- Pilzerkrankungen, z. B. der Haut
- Vorläuferstadium
- Hautpilze
- Wundstarrkrampf
- infektiöse Eiweiße
- Gelbfärbung von Haut und Schleimhäuten
- Krankheitserreger, die keine Lebewesen sind
- Gruppe von Krankheitserregern
- Eiweißstoffe, die z. B. bei Impfungen eingesetzt werden
- gleichzeitige aktive und passive Impfung
- Übertragung von Krankheitserregern von der Mutter auf das ungeborene Kind
- Zeit zwischen dem Eindringen von Krankheitserregern in den Körper und dem Auftreten erster Symptome
- Pilzerkrankungen von Schleimhaut und Organen
- Dauerform bestimmter Bakterien, Vermehrungsart bei Pilzen
- Eiweißstoff, der zur Abwehr von Krankheitserregern fähig ist
- Phase einer Infektionskrankheit, in der spezifische Symptome auftreten
- Übertragung von Krankheiten durch direkten Kontakt, z. B. von Mensch zu Mensch

AB 1 Eigenschaften, Aufbau und Aufgaben von Zellen

1. Nennen Sie die fünf typischen Eigenschaften, die Zellen zu einem Lebewesen machen.

2. Beschriften Sie die Abbildung der Zelle und geben Sie an, welche Aufgabe die Zellorganellen haben.

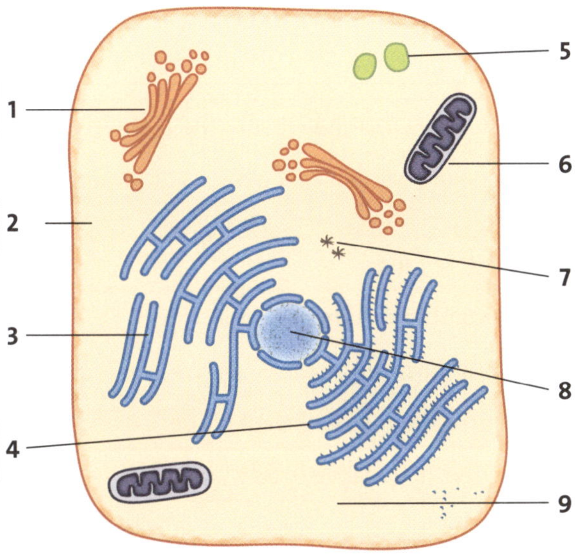

Nr.	Aufgabe
1	
2	
3	
4	
5	
6	
7	
8	
9	

AB 2 Viren, Meiose und Mitose

1. Erklären Sie, warum Viren keine Lebewesen sind.

____

____

____

____

____

____

2. Kreuzen Sie an, welche Aussagen auf die Meiose und welche auf die Mitose zutreffen.

		Trifft zu auf die Meiose	Trifft zu auf die Mitose
1	Bei dieser Form der Zellteilung entstehen identische Tochterzellen.		
2	Bei dieser Form der Zellteilung werden Zellen mit 23 Chromosomen gebildet.		
3	Ein anderer Begriff ist Reifeteilung.		
4	Es entstehen Zellen mit 46 Chromosomen.		
5	Sie dient der Bildung von Keimzellen.		
6	Sie dient der Zellvermehrung im menschlichen Körper.		
7	Sie findet in den Hoden bzw. in den Eierstöcken statt.		

3. Ordnen Sie den Phasen der Mitose die entsprechenden Aussagen zu, indem Sie die Ziffern einsetzen.

1 Nun sind zwei identische Tochterzellen entstanden.
2 Das Erbgut liegt in verdoppelter Form vor.
3 Diese Phase heißt Prophase.
4 Diese Phase heißt Anaphase.
5 Die Chromosomen werden auseinandergezogen.
6 Die Umhüllung des Kerns löst sich auf.
7 Die Chromosomen ordnen sich in der Mitte der Zelle an.
8 Diese Phase heißt Metaphase.
9 Die Chromosomen haben sich der Länge nach gespalten.
10 Diese Phase heißt Telophase.

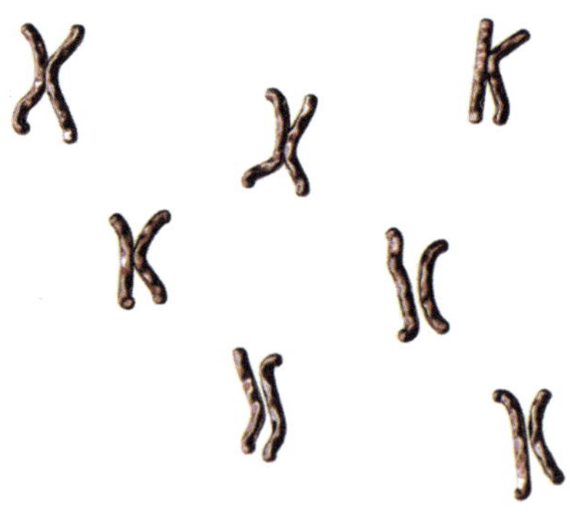

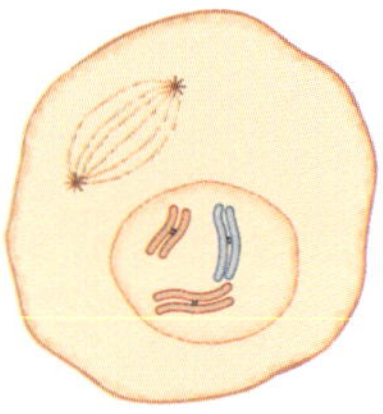	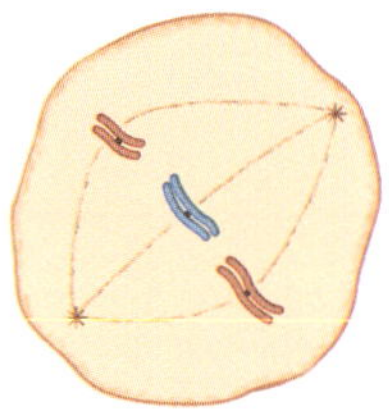	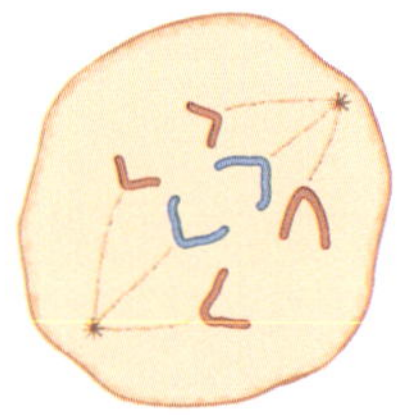	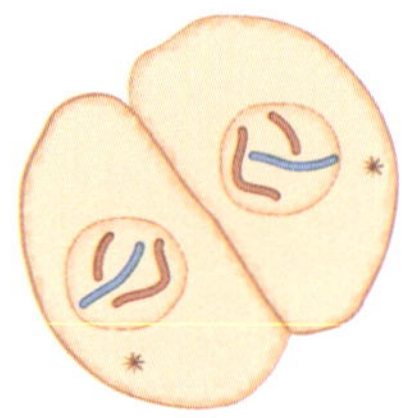

AB 3 Gewebearten

1. Vervollständigen Sie die Tabelle zu den Gewebearten.

Gewebeart	Bezeichnung	Aufgaben	Vorkommen
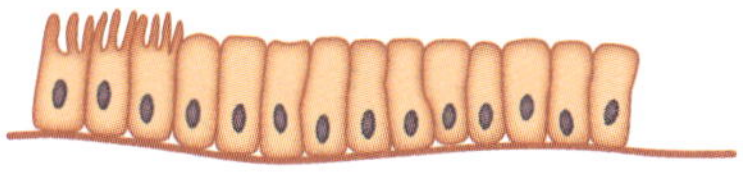			Haut, Schleimhäute
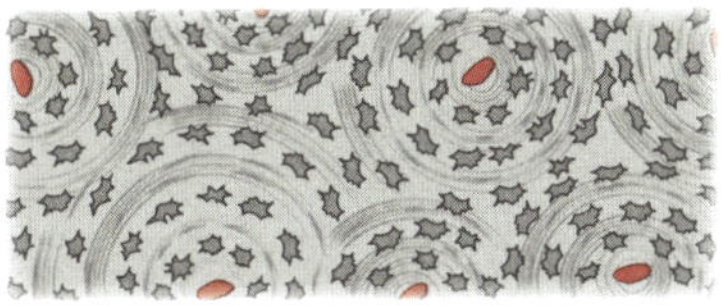	Knochengewebe		
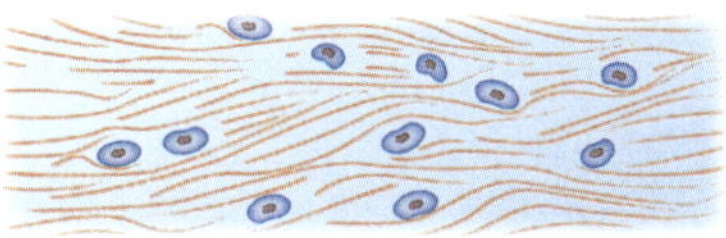		Es schützt vor zu großem Druck und ist elastisch.	
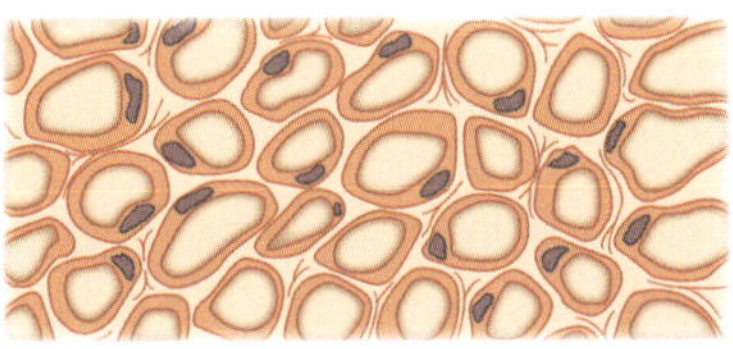		Es dient als Brennstoffreserve, als Polsterung und als Wärmeschutz.	am Gesäß, an den Hüften, am Bauch
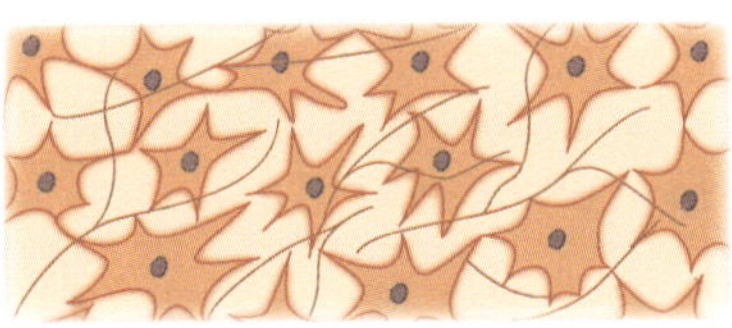		Es füllt die Zwischenräume zwischen Organen aus, verbindet Organe und ist das Haltegerüst für Blutgefäße und Nerven.	
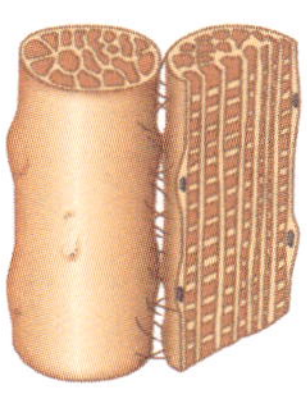	Muskelgewebe		
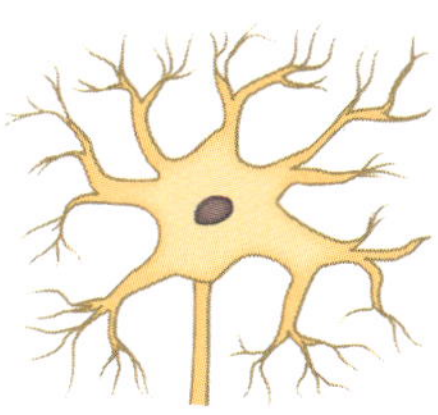			Nervensystem

AB 4 Muskelgewebe und Epithelgewebe

1. Ordnen Sie die Aussagen in den Kästchen den drei Muskelgewebearten zu.
Verbinden Sie die Aussagen mit der passenden Muskelgewebeart mit Linien.

Aussagen	Muskelgewebeart	Aussagen
Sie sieht im Mikroskop quergestreift und verzweigt aus.	Herzmuskulatur	Sie arbeitet schwach und langsam.
Sie ermüdet schnell, benötigt Pausen.	Eingeweidemuskulatur	Sie arbeitet Tag und Nacht mit Pausen.
Sie ist unserem Willen unterworfen.	Skelettmuskulatur	Sie sieht im Mikroskop quergestreift aus.
Sie ist unserem Willen nicht unterworfen, sie arbeitet autonom.		Sie arbeitet kräftig und pausenlos.
		Sie arbeitet kräftig und schnell.

2. Lösen Sie das Silbenrätsel zu den Epithelgewebearten.

ber	bi	der	e	e	e	e	e	e	e	gangs	ges	hi	horn	horn	ku	lin	mehr
pi	pi	pi	pi	pi	pi	pi		plat	plat	plat	rei	sches
ten	ten	ten	tes	tes	thel	thel	thel	thel	thel	thel	thel	ü	un	ver	ver	zy

1		______________________ Es ist die dünnste und empfindlichste Schicht und bildet z. B. die Herzinnenhaut.
2		______________________ Es ist sehr dehnbar und kann sich verschiedenen Füllungszuständen anpassen.
3	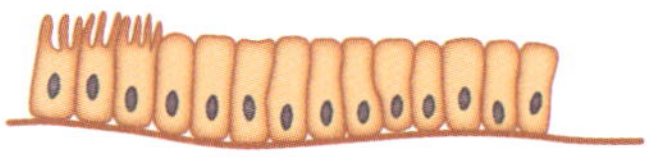	______________________ An seiner Zelloberfläche findet man oft Mikrovilli.
4	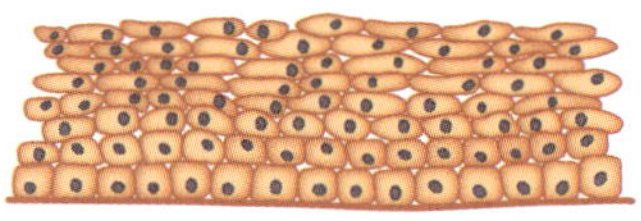	______________________ Es ist sehr strapazierfähig und bildet z. B. die Schleimhäute von Augen, Nase und Mund. (zwei Wörter)
5		______________________ Es hat eine sehr dünne und durchlässige Schutzschicht und man findet es in den Nierenkanälchen. (zwei Wörter)
6	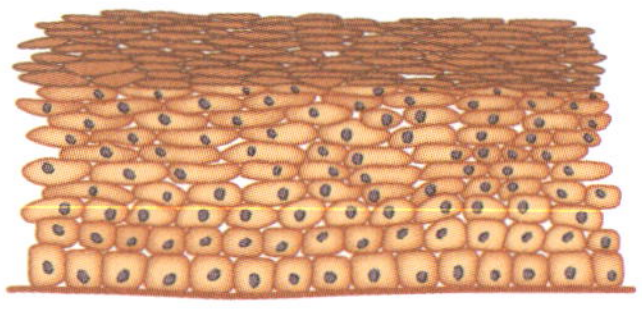	______________________ Es ist die strapazierfähigste Schutzschicht unseres Körpers, deren äußerste Schicht abgestorben ist. (zwei Wörter)
7	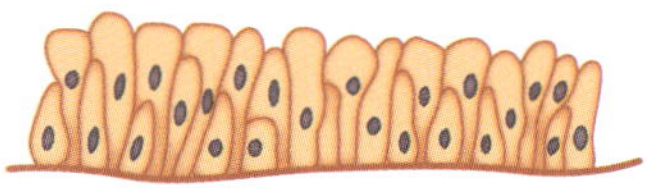	______________________ Man findet an der Oberfläche häufig Flimmerhärchen, die Schleim abtransportieren können. (zwei Wörter)

AB 5 Störungen von Zellen und Geweben, Krankheitsursachen

1. Wie heißt der Fachausdruck für die Lehre von den Krankheiten?

____

2. Geben Sie an, wie die Störungen heißen, die im Folgenden beschrieben sind.

K R A N K H E I T

- Die Zellen werden durch Gewalteinwirkung von außen geschädigt. ______________
- Es handelt sich um Störungen in den Erbanlagen. ______________
- Die Zellen wachsen unkontrolliert. ______________
- Zellen und Gewebe gehen durch mangelhafte Versorgung mit Blut und Nährstoffen zugrunde. ______________
- Die Organe entwickeln sich fehlerhaft. ______________
- Die Zellen sind nur noch unzureichend in der Lage, Nährstoffe zu verarbeiten. ______________
- Gefäß- und Bindegewebszellen reagieren ______________
- Neues Gewebe wird nur noch unzureichend gebildet. ______________

3. Krankheiten haben verschiedene Ursachen. Ordnen Sie die genannten Ursachen den inneren bzw. den äußeren Krankheitsursachen zu, indem Sie Linien ziehen.

- chemische Substanzen
- Alter
- Vererbung
- Strahlung
- Mikroorganismen
- Hitze
- seelische Veranlagung
- Geschlecht
- familiäre Veranlagung
- Gifte

innere Krankheitsursachen

äußere Krankheitsursachen

AB 6 Akute und chronische Erkrankungen, Entzündungen

1. Krankheiten können in akute und chronische Krankheiten unterteilt werden. Ordnen Sie die Merkmale zu, indem Sie die Ziffern 1 oder 2 eintragen.

1 – akute Krankheit | 2 – chronische Krankheit

	Merkmale	Ziffer
1	Ein Beispiel ist Diabetes mellitus.	
2	Ein Beispiel ist ein grippaler Infekt.	
3	Eine Ausheilung ist unwahrscheinlich.	
4	Eine Ausheilung ist wahrscheinlich.	
5	Ihr Verlauf ist oft heftig.	
6	Sie beginnt plötzlich.	
7	Sie beginnt schleichend.	
8	Sie verläuft oft in Schüben.	

2. Erklären Sie, was eine Entzündung ist.

____

3. Nennen Sie mögliche Auslöser, die im Körper Entzündungen verursachen können.

____

____

____

____

____

____

____

4. Ordnen Sie die Symptome einer lokalen Entzündung den Erklärungen zu. Setzen Sie die Ziffern entsprechend ein.

3 Schmerz

1 Überwärmung

5 Schwellung

4 Rötung

2 gestörte Funktion

◯ Dieses Symptom entsteht aufgrund der verstärkten Durchblutung.

◯ Dieses Symptom entsteht durch die Schädigung von Zellen und Geweben.

◯ Dieses Symptom entsteht durch Reizung der Nerven.

◯ Dieses Symptom entsteht aufgrund des erhöhten Stoffwechsels.

◯ Dieses Symptom entsteht durch den Austritt von Plasma in das Gewebe.

AB 7 Entzündungen, Zellveränderungen

1. Ergänzen Sie die Tabelle zu den Arten der eitrigen Entzündungen.

Bezeichnung	Vorkommen	Beispiel	Abbildung
Abszess			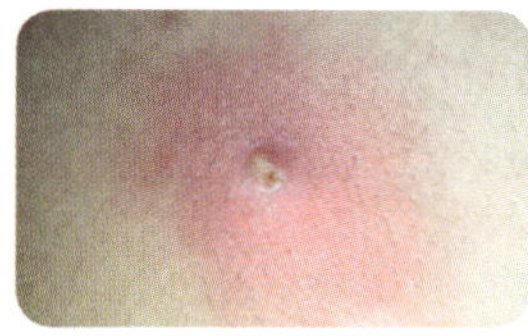
Empyem			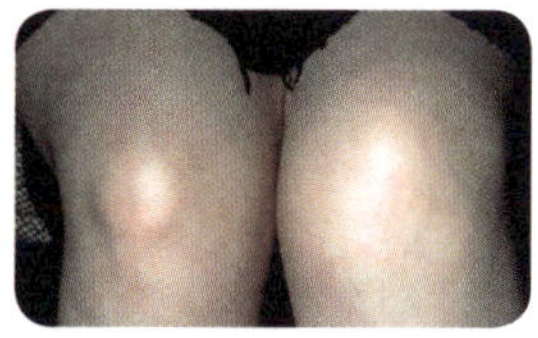
Phlegmone			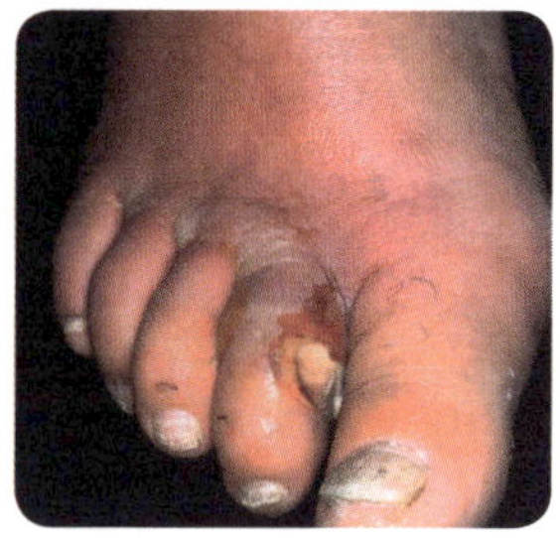

2. Nennen Sie allgemeine Symptome, die bei einer großflächigen Entzündung zusätzlich zu den Symptomen einer lokalen Entzündung auftreten können.

____

3. Welche Laborbefunde deuten auf eine Entzündung hin?

____

____

____

4. Lösen Sie das Rätsel zu den Fachbegriffen der Zellveränderungen.

1 _ _ _ _ _ _ _ _
Die Anzahl der Zellen und ihre Größe verringern sich.

2 _ _ _ _ _ _ _
Die Zellen sterben ab.

3 _ _ _ _ _ _ _ _ _ _ _
Die Zahl der Zellen nimmt zu.

4 _ _ _ _ _ _ _ _ _ _ _ _
Die Zellen verlieren ihre Fähigkeit zur Anpassung. Es handelt sich um eine Verschleißerscheinung.

5 _ _ _ _ _ _ _ _ _
Es handelt sich um eine Fehlbildung

6 _ _ _ _ _ _ _ _ _ _ _ _
Die Größe der Zellen nimmt zu.

7 _ _ _ _ _ _ _ _ _ _ _ _
Hierbei wird verloren gegangenes Gewebe durch neu gebildetes Gewebe ersetzt.

8 _ _ _ _ _
Die Zellen gehen zugrunde aufgrund von Entzündungen oder mangelnder Versorgung mit Nährstoffen oder Sauerstoff.

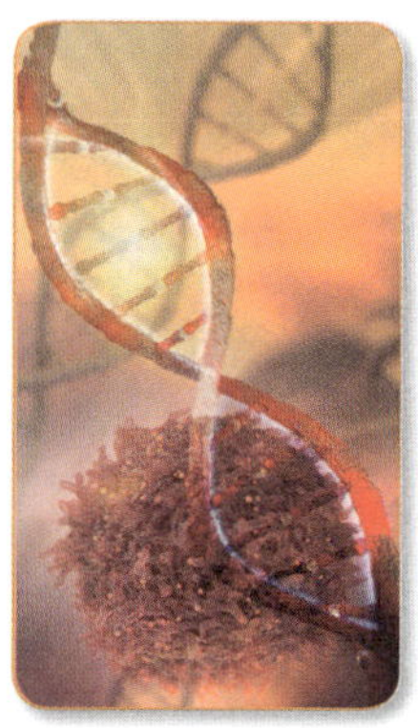

AB 8 Tumore, Zirkulationsstörungen

1. Kreuzen Sie an, ob die folgenden Aussagen auf gutartige oder bösartige Tumore zutreffen. Bei richtiger Beantwortung ergibt sich ein Lösungswort.

		Tumor gutartig	Tumor bösartig
1	Der Tumor ist oft verkapselt.	G	O
2	Der Tumor verdrängt das Nachbargewebe.	E	P
3	Der Tumor wächst in das Nachbargewebe hinein (infiltrierend).	E	S
4	Die Abgrenzung zum Nachbargewebe ist unscharf.	R	C
5	Die Zellen unterscheiden sich im Aussehen wenig von denen des Muttergewebes.	H	A
6	Die Zellen unterschieden sich im Aussehen stark von denen des Muttergewebes.	T	W
7	Diese Tumorart wächst normalerweise schnell.	I	U
8	Eine Heilung ist nicht sicher.	O	L
9	Meist ist eine Heilung möglich.	S	X
10	Diese Tumorart bildet Metastasen.	Z	T

Lösungswort:

1	2	3	4	5	6	7	8	9	10

2. Ordnen Sie dem Ausgangsgewebe die Fachbegriffe für die jeweiligen Tumore zu. Verbinden Sie durch Linien.

Liposarkom	Nervengewebe	Papillom
Adenom	Muskelgewebe	Fibrosarkom
Myosarkom	Oberhaut	Neurinom
Fibrom	Bindegewebe	Lipom
Glioblastom	Fettgewebe	Adenokarzinom
malignes Melanom	Drüsengewebe	Myom

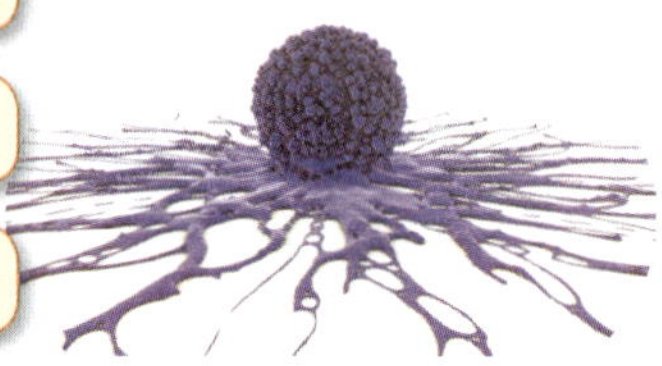

3. Definieren Sie die folgenden Beispiele für Zirkulationsstörungen im Körper.

	Zirkulationsstörung	Definition
1	Embolie	
2	Hämorrhagie	
3	Infarkt	
4	Ödem	
5	Thrombose	

Lernfeld 4

BEHANDLUNGSASSISTENZ

AB 9 Fachworttrainer Zellen und Gewebe I

1. Ordnen Sie die Begriffe den deutschen Bedeutungen zu, indem Sie die Ziffern einsetzen.

	Fachbegriff
1	Abszess
2	Adenokarzinom
3	akut
4	Allergene
5	Anaphase
6	Atrophie
7	Chromosomen
8	chronisch
9	Degeneration
10	Dysplasie
11	Embolie
12	Empyem
13	endoplasmatisches Retikulum
14	Epithel
15	Fibrom
16	Fibrosarkom
17	Glioblastom
18	Golgi-Apparat
19	Hämorrhagie
20	Hyperplasie
21	Hypertrophie
22	Infarkt
23	Lipom
24	Liposarkom

Deutsche Bedeutung	Ziffer
sich langsam entwickelnd und dauerhaft	
gutartige Geschwulst des Bindegewebes	
bösartige Geschwulst des Fettgewebes	
Zellbestandteil, der Stoffe speichert und aus der Zelle ausschleusen kann	
Substanzen, die Allergien auslösen können	
Fehlbildung	
Untergang/Absterben von Gewebe aufgrund mangelnder Sauerstoffversorgung	
Abnahme der Zellanzahl und der Zellgröße	
bösartige Geschwulst des Bindegewebes	
Zunahme der Zellzahl	
bösartige Geschwulst des Nervengewebes	
Verlust der Fähigkeit zur Anpassung und Heilung, Verschleiß	
Eiteransammlung in einer nicht vorgebildeten Körperhöhle	
Eiteransammlung in einer natürlichen Körperhöhle	
oberste Zellschicht von Haut oder Schleimhaut	
plötzlich auftretend	
Erbanlagen	
Zunahme der Zellgröße	
gutartige Fettgeschwulst	
Phase der Mitose, bei der die Chromosomen auseinandergezogen werden	
Blutungsneigung	
ein Blutpfropf bleibt in einem Gefäß stecken	
Zellbestandteil für den Transport von Stoffen innerhalb der Zelle	
Krebserkrankung des Drüsengewebes	

AB 10 Fachworttrainer Zellen und Gewebe II

1. Ordnen Sie die Begriffe den deutschen Bedeutungen zu, indem Sie die Ziffern einsetzen.

	Fachbegriff
1	Lysosomen
2	maligne
3	Meiose
4	Melanom
5	Metaphase
6	Metastasen
7	Mikroorganismen
8	Mitochondrium
9	Mitose
10	Myom
11	Myosarkom
12	Nekrose
13	Neurinom
14	Ödem
15	Papillom
16	Phlegmone
17	Prophase
18	Regeneration
19	Ribosomen
20	Telophase
21	Thrombose
22	Trauma
23	Tumor
24	Ulkus
25	Zentriolen

Deutsche Bedeutung	Ziffer
Phase der Zellteilung, bei der sich die Chromosomen in der Mitte der Zelle anordnen	
Wasseransammlung im Gewebe	
Phase der Zellteilung, bei der zwei gleiche Tochterzellen entstehen.	
Zellbestandteil, der Energie aus Nährstoffen erzeugt	
bösartige Geschwulst des Muskelgewebes	
Zellen sterben ab	
bösartige Geschwulst der Haut/der Schleimhäute	
Geschwulst	
Reifeteilung	
gutartige Muskelgeschwulst	
flächenhafte eitrige Entzündung	
erste Phase der Mitose	
kleinste Lebewesen	
Zellbestandteile, die für die Bildung von körpereigenem Eiweiß zuständig sind	
gutartige Geschwulst des Nervengewebes	
Zellbestandteil, der Nährstoffe aufspaltet und auflöst	
Schädigung von Zellen durch äußere Einwirkung	
gutartige Geschwulst der Oberhaut	
Tochtergeschwülste	
Sie sorgen dafür, dass sich die Chromosomen während der Zellteilung gleichmäßig auf die Tochterzellen verteilen.	
Vorgang, bei dem verloren gegangenes Gewebe durch neues Gewebe ersetzt wird	
Zellteilung, bei der zwei gleiche Tochterzellen entstehen	
Geschwür	
bösartig	
Verschluss eines Gefäßes durch ein Blutgerinnsel, z. B. in den Beinen	

AB 11 Skelett, Orientierungsbezeichnungen, Richtungsbezeichnungen

1. Notieren Sie fünf Aufgaben des Skeletts.

____

____

____

____

____

2. Worauf muss man achten, wenn man Orientierungsbezeichnungen und Richtungsbezeichnungen benutzt?

____

____

____

____

____

3. Geben Sie für die folgenden Richtungsbezeichnungen den jeweiligen Fachausdruck an.

Richtungsbezeichnung	Fachausdruck	Richtungsbezeichnung	Fachausdruck
bauchwärts		seitwärts	
hinten		steißwärts	
kopfwärts		vorn	
rückenwärts		zur Elle hin	
rumpffern, von der Körpermitte weg		zur Körpermitte hin	
rumpfnah, zur Körpermitte hin		zur Speiche hin	

4. Schreiben Sie die Fachausdrücke unter die jeweilige Abbildung der Bewegungsrichtungen der Hüfte.

| Abduktion | Adduktion | Außenrotation | Extension | Flexion | Innenrotation |

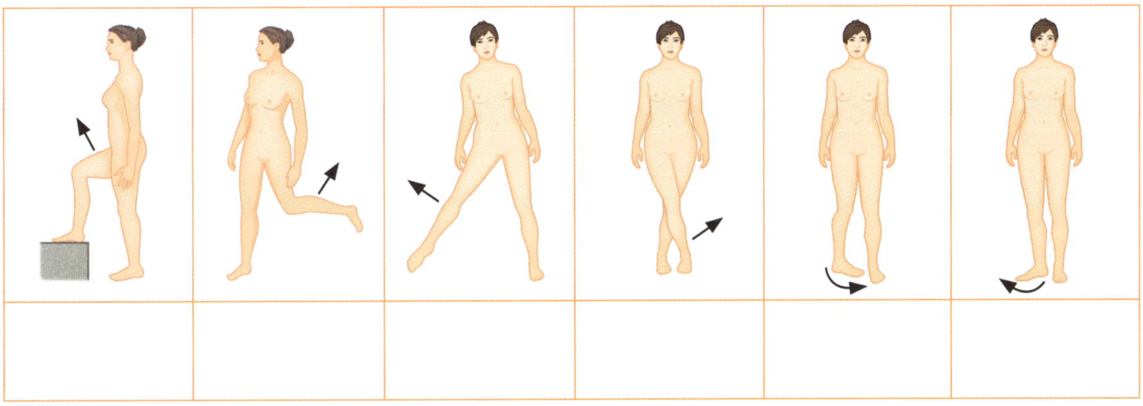

AB 12 Röhrenknochen, Knochenformen

1. Nennen Sie für die Bestandteile des Röhrenknochens die jeweilige Aufgabe.

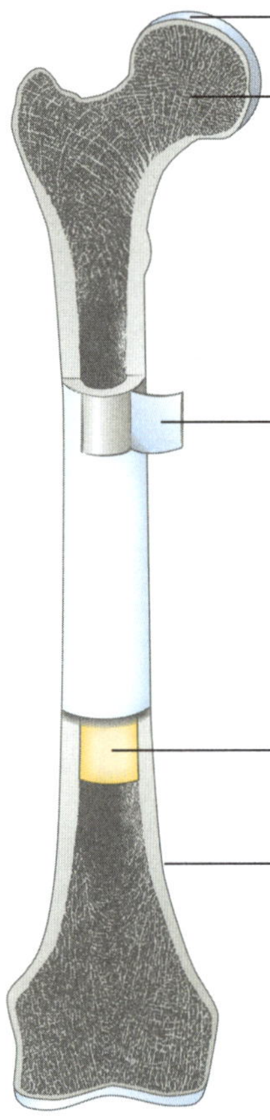

Bestandteil	Aufgabe
Knochen-haut	
Spongiosa	
Knochen-haut	
Knorpel-überzug	
Compacta	

2. Die Epiphysenfuge ist für das Längenwachstum zuständig. Zeichnen Sie die Epiphysenfugen in die Abbildung des Knochens ein.

3. Es gibt unterschiedliche Knochenformen. Ordnen Sie die Beispiele den Knochenformen zu, indem Sie sie durch Striche verbinden.

Oberarm-knochen	**kurze Knochen**	Schulterblatt
Handwurzel-knochen	**Röhrenknochen**	Hüftbein
Wirbel	**unregelmäßig geformte Knochen**	Knochen der Schädelbasis
Brustbein	**flache Knochen**	Zehenknochen

Lernfeld 4

BEHANDLUNGSASSISTENZ

AB 13 Schädel

1. Welche Aufgaben hat der Schädel?

____

2. Beschriften Sie die Abbildung des Schädels.

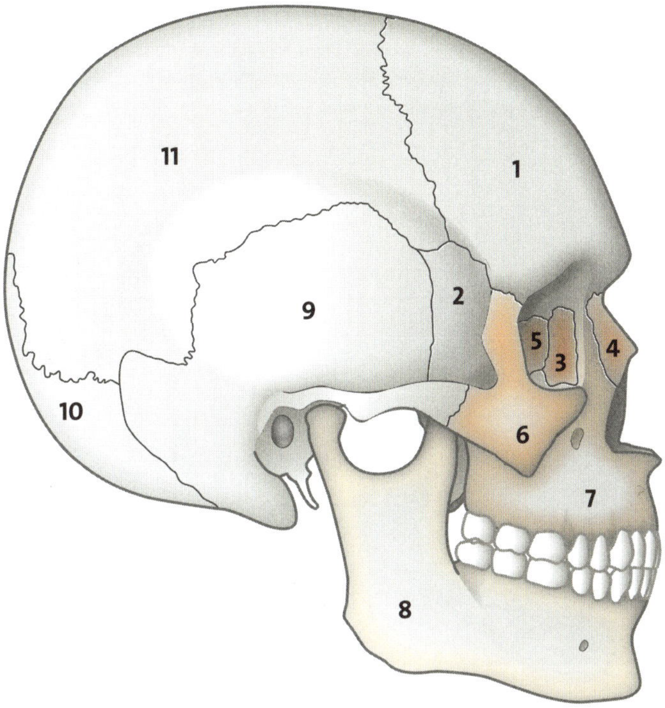

Nr.	Bezeichnung
1	
2	
3	
4	
5	
6	

Nr.	Bezeichnung
7	
8	
9	
10	
11	

3. Welche Knochen bilden den Hirnschädel, welche den Gesichtsschädel?
Tragen Sie die Ziffern aus der Abbildung ein.

Zum Hirnschädel gehören	Zum Gesichtsschädel gehören

4. Welche Knochen des Schädels bilden die Schädelbasis?

____

AB 14 Schädel und Brustkorb

1. Die Muskulatur des Schädels wird in die mimische Muskulatur und die Kaumuskulatur unterteilt. Kreuzen Sie an, welche der genannten Muskeln zur mimischen Muskulatur und welche zur Kaumuskulatur gehören.

Muskel	mimische Muskulatur	Kau-muskulatur
Augenmuskel		
Jochbeinmuskel		
Kaumuskel		
Kinnmuskel		
Lachmuskel		
Schläfenmuskel		
Stirnmuskel		

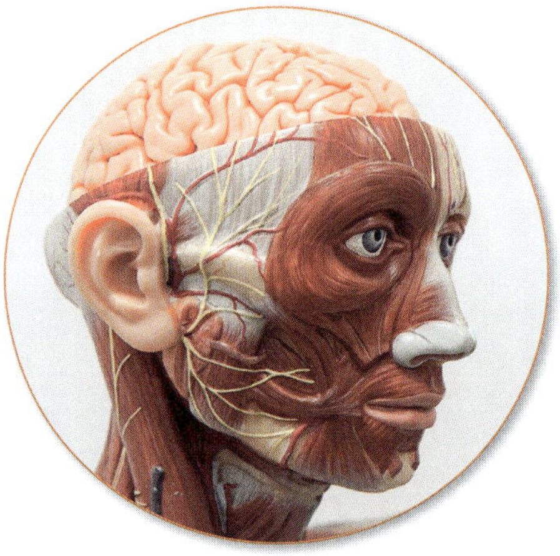

2. Ergänzen Sie die Lücken im Text zum Bau des knöchernen Brustkorbs.

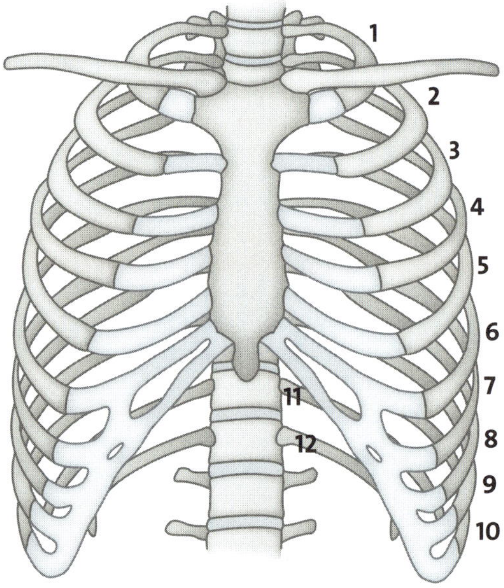

Der knöcherne Brustkorb (Fachausdruck: ____________) besteht aus der ______________________, den ____________________ (Fachausdruck: costae, Einzahl: costa) und dem ________________ (Fachausdruck: ______________).
Die oberen ____________ Rippenpaare sind direkt über ____________ mit dem Brustbein verbunden, die Rippenpaare ________ und ______ setzen indirekt über den Knorpel des 7. Rippenpaares am Brustbein an, die Rippenpaare ______ und ______ sind sehr kurz und ______________________ zum Brustbein.

3. Nennen Sie die Organe, die durch den Thorax geschützt werden.

____

____

4. Durch welchen Muskel wird der Thorax nach ventral vom Bauchraum abgegrenzt?

____

5. Vor welcher Untersuchung muss die MFA die Rippen und ihre Zwischenräume abtasten?

____

AB 15 Gelenke

1. Benennen Sie die Teile des Gelenks.

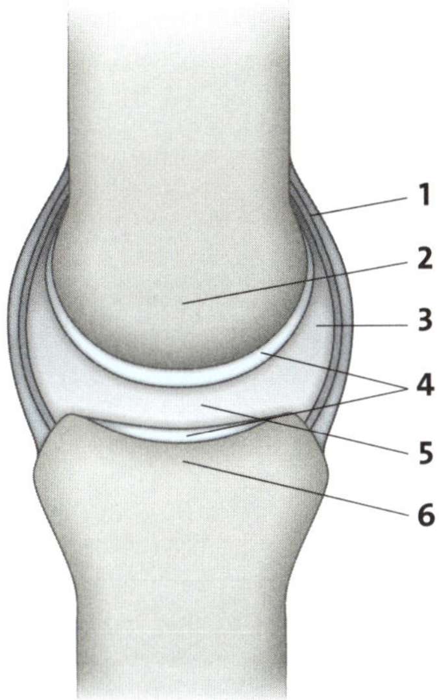

Nr.	Bezeichnung
1	
2	
3	
4	
5	
6	

2. Verbinden Sie die Gelenkarten mit der jeweiligen Abbildung und den Beispielen durch Linien.

Kugelgelenk

Radgelenk

Scharniergelenk

Eigelenk

Sattelgelenk

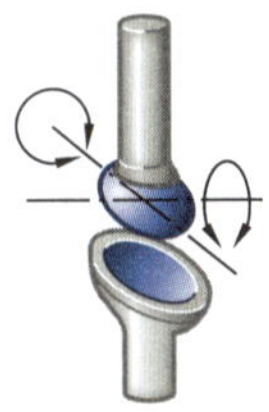

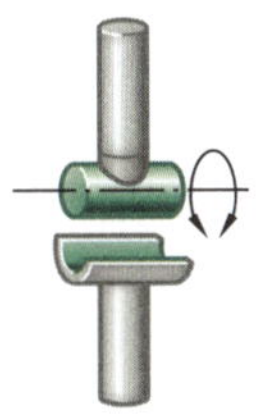

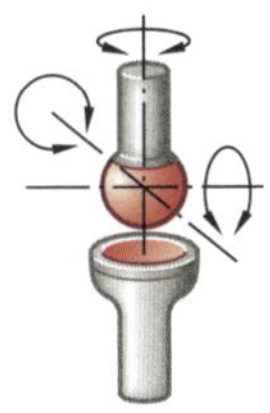

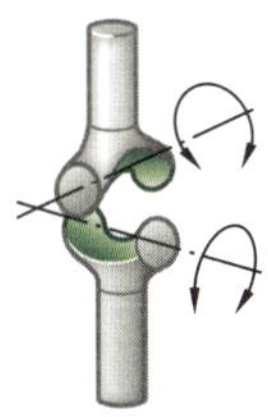

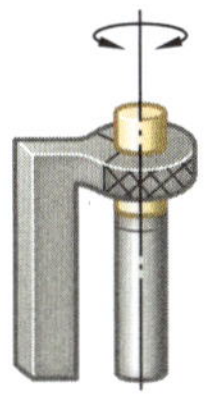

Gelenk von Elle und Speiche im Bereich des Ellbogengelenkes

Schultergelenke, Hüftgelenke

Gelenk zwischen Handwurzelknochen und Mittelhandknochen des Daumens

Handgelenk

Fingerlenke, Zehengelenke

AB 16 Obere Extremität

1. Tragen Sie die Bezeichnungen der oberen Extremität ein – wenn möglich, auch mit dem Fachausdruck.

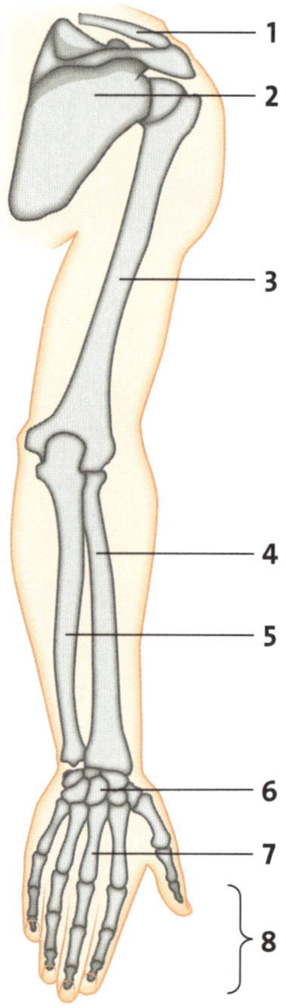

Nr.	Bezeichnung
1	
2	
3	
4	
5	
6	
7	
8	

2. Ergänzen Sie die Tabelle zu den Gelenken der oberen Extremität.

	Beschreibung	Bezeichnung des Gelenks
1	Gelenk zwischen Schlüsselbein und Schulterblatt	
2	Gelenk zwischen Oberarmknochen sowie Elle und Speiche	
3	Gelenk zwischen dem breiten Ende der Elle und der ersten Reihe der Handwurzelknochen	
4	Gelenk zwischen den einzelnen Fingerknochen	

3. Ergänzen Sie, welcher Muskel oder welche Muskeln die folgenden Bewegungen durchführen.

	Bewegung	Muskel(n)
1	Beugen des Unterarmes	
2	Strecken des Unterarmes	
3	Drehen des Oberarmes, Vor- und Zurückbewegen des Oberarmes	
4	Heranziehen des Oberarmes	

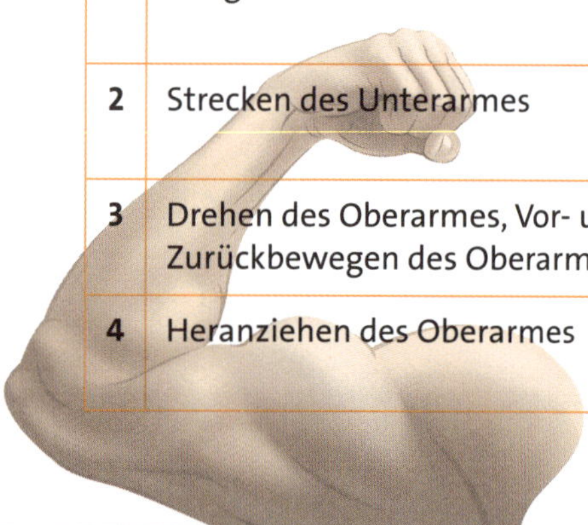

AB 17 Untere Extremität

1. Kontrollieren Sie, ob die Beschriftung der unteren Extremität korrekt ist.
Korrigieren Sie fehlerhafte Beschriftungen.

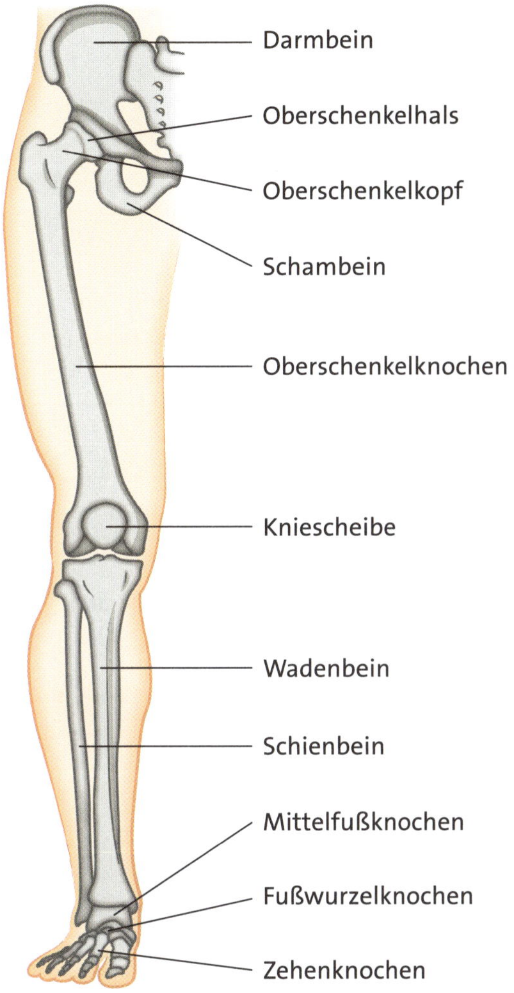

2. Ordnen Sie die Gelenke der unteren Extremität den Beschreibungen zu.
Setzen Sie die Ziffer vor das entsprechende Gelenk.

1. Gelenk zwischen Hüftbein und Oberschenkelknochen
2. Gelenk zwischen Oberschenkelknochen und Schienbein
3. Gelenk zwischen den Zehenknochen
4. Gelenk zwischen Schien- und Wadenbein und dem Sprungbein

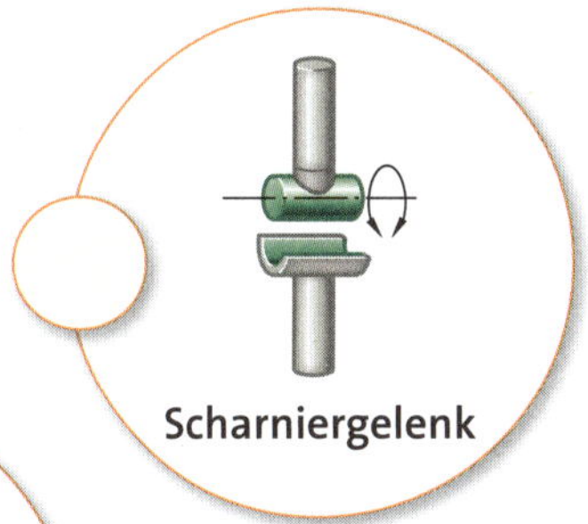

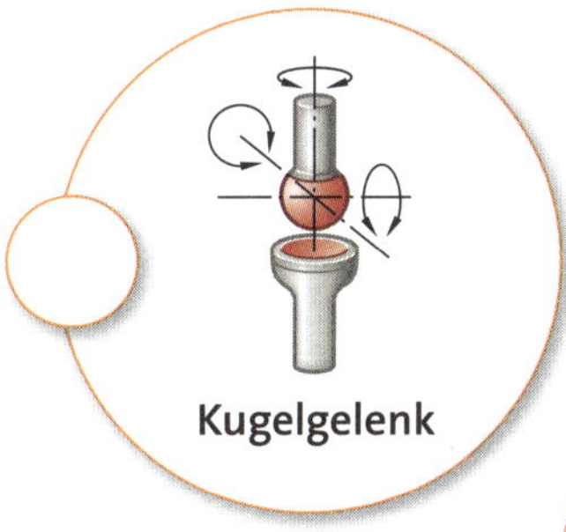

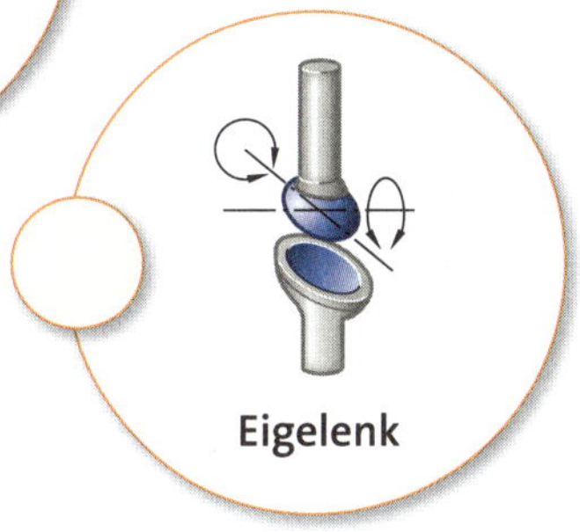

AB 18 Extremitäten, Becken

1. Lösen Sie das folgende Silbenrätsel zu den Fachbegriffe für die Knochen der Extremitäten.

| bia | bu | cla | cu | di | fe | fi | hu | la | la | la | la | me | mur | na | pa | pu | ra | rus | sca | tel | ti | ul | us | vi |

1 — — — — —
Dieser Knochen liegt oberhalb von Schienbein, Kniescheibe und Wadenbein.

2 — — — — — — —
Dieser Knochen liegt vor dem distalen Ende des Oberschenkelknochens.

3 — — — — — — —
Dieser Knochen liegt oberhalb des Oberarmknochens im Bereich des Rückens.

4 — — — — — —
Am distalen Ende dieses Knochens kann man den Puls gut ertasten.

5 — — — — — —
Dieser Knochen liegt tief eingebettet in der Unterschenkelmuskulatur.

6 — — — —
Dieser Knochen liegt neben der Speiche.

7 — — — — — — — — —
Dieser Knochen bildet zusammen mit dem Schulterblatt und dem proximalen Ende des Oberarmknochens das Schultergelenk.

8 — — — — —
Dieser Knochen liegt direkt unter der Haut, wenn man sich stößt, schmerzt es sehr.

9 — — — — — — —
Dieser Knochen liegt oberhalb von Elle und Speiche.

2. Beschriften Sie die Abbildung des Beckengürtels.

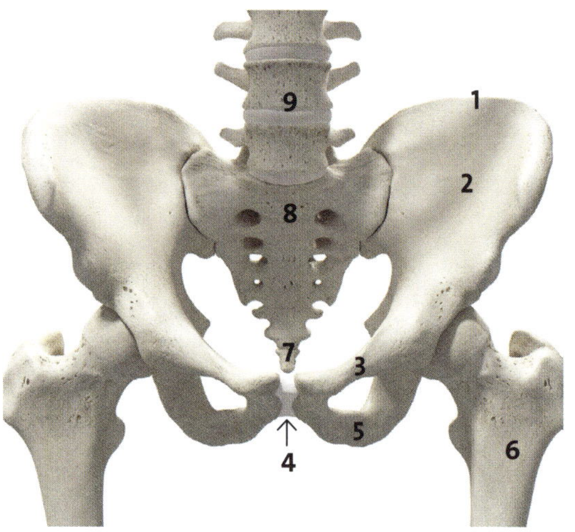

Nr.	Bezeichnung
1	
2	
3	
4	
5	
6	
7	
8	
9	

3. Nennen und begründen Sie Unterschiede zwischen dem weiblichen und dem männlichen Becken.

____

____

____

____

____

____

AB 19 Wirbelsäule I

1. Ergänzen Sie die Tabelle zur Wirbelsäule.

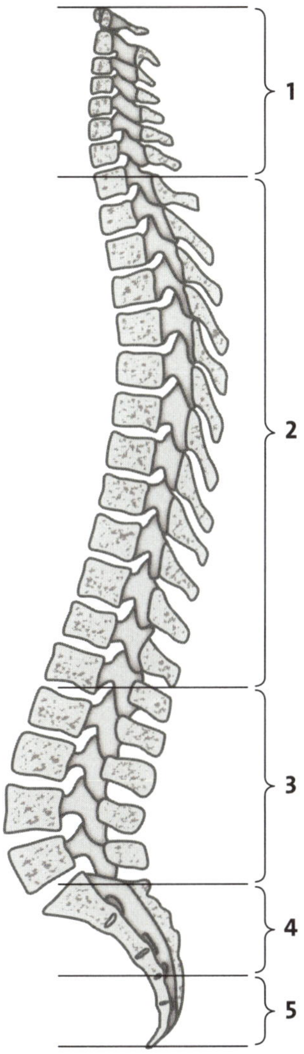

Nr.	Bezeichnung des Abschnitts/ Abkürzung	natürliche Krümmung	Besonderheiten
1			
2			
3			
4			
5			

2. Wie heißt die pathologische Krümmung der Wirbelsäule zur Seite?

____

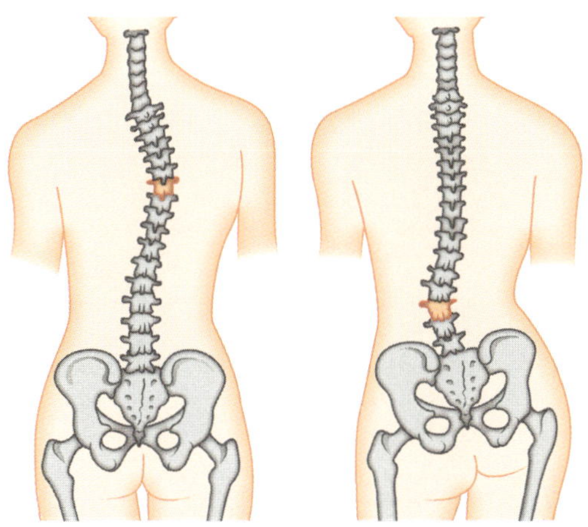

AB 20 Wirbelsäule II

1. Welche Aufgaben haben die Zwischenwirbelscheiben (Bandscheiben)?

____

2. Beschriften Sie die Abbildung des Wirbels.

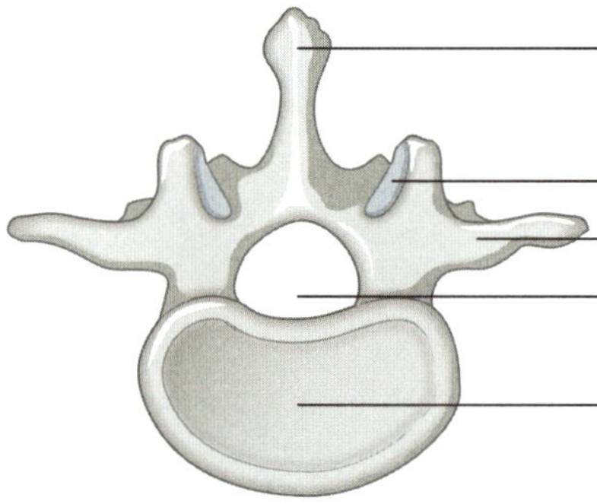

Nr.	Bezeichnung
1	
2	
3	
4	
5	

3. Warum werden die Wirbellöcher des Wirbelkanals absteigend kleiner und die Wirbelkörper größer?

____

____

4. Beschriften Sie die abgebildeten Wirbel.

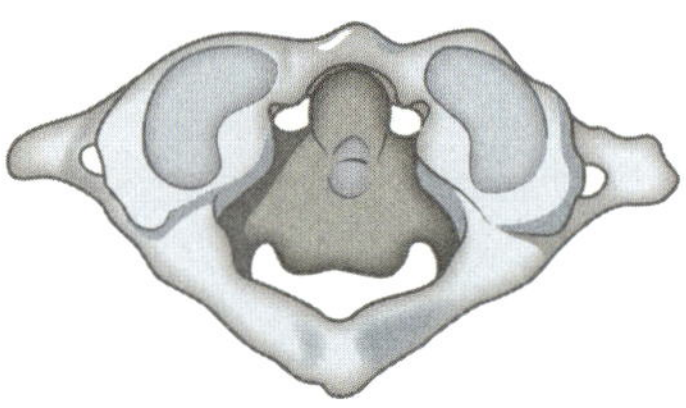	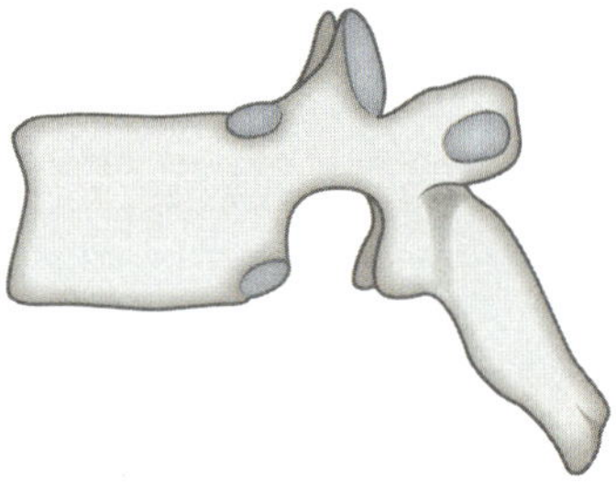	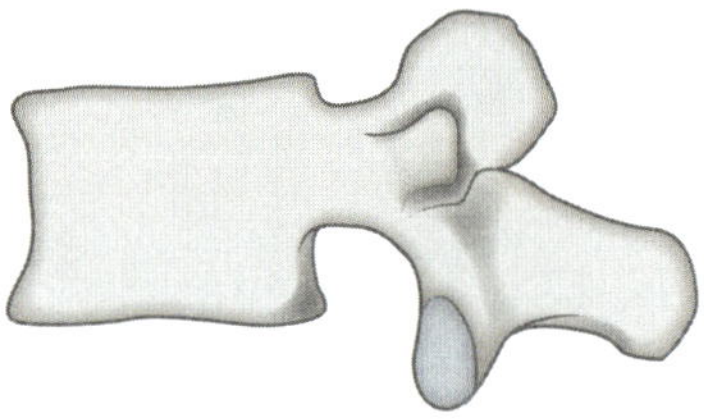

5. Wofür stehen die Buchstaben bei den Wirbeln? Geben Sie den ausgeschriebenen Begriff und die deutsche Bedeutung an.

Abkürzung	Ausgeschriebener Begriff – deutsche Bedeutung
C 1 – 7	
Th 1 – 12	
L 1 – 5	
S 1 – 5	

AB 21 Skelett

1. Beschriften Sie das Skelett – wenn möglich, auch mit den entsprechenden Fachbegriffen.

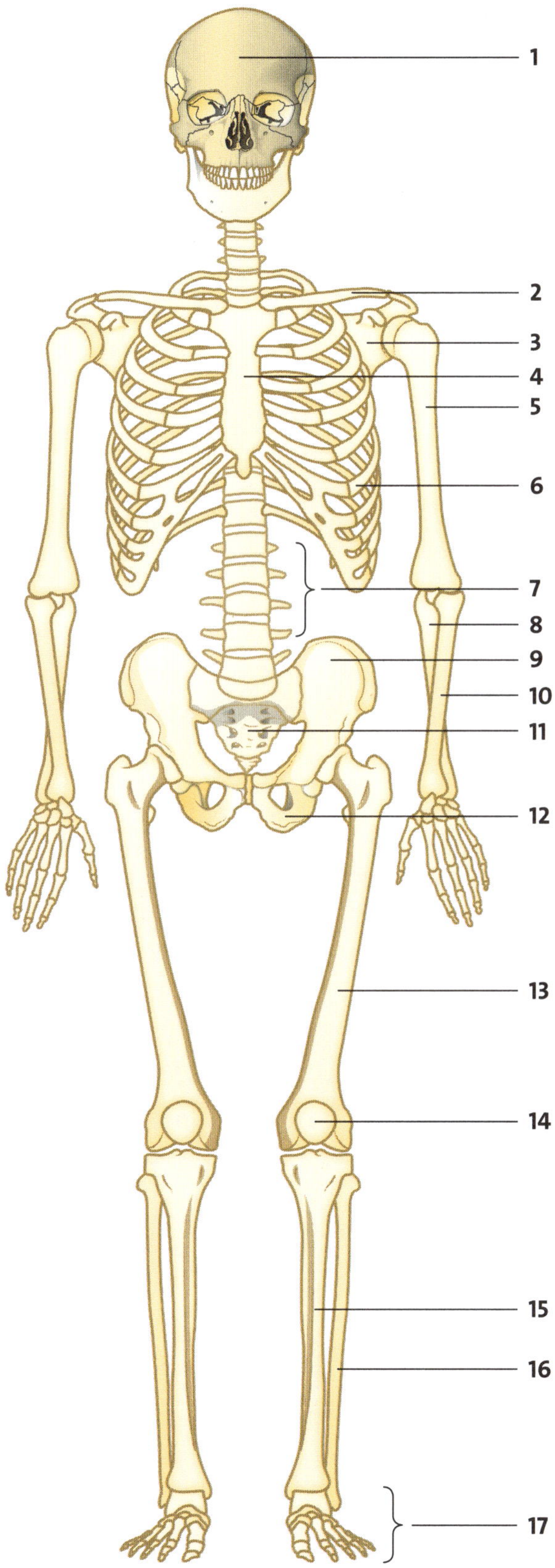

Nr.	Bezeichnung
1	
2	
3	
4	
5	
6	
7	
8	
9	
10	
11	
12	
13	
14	
15	
16	
17	

AB 22 Fachworttrainer Halte- und Bewegungsapparat

1. Geben Sie für die deutsche Bedeutung den jeweiligen Fachausdruck an.

vorn	Oberschenkelknochen	Kniescheibe	dreiköpfiger Oberarmmuskel
zweiköpfiger Oberarmmuskel	Wadenbein	hinten	zur Elle gehörend
steißwärts	Krümmung der Wirbelsäule nach hinten	rumpfnah	Elle
Schlüsselbein	seitlich	zur Speiche gehörend	bauchwärts
kompakte Knochensubstanz	Krümmung der Wirbelsäule nach vorn	Speiche	zur Körpermitte hin
Rippe	Deltamuskel	knöcherner Brustkorb	rückenwärts
kopfwärts	großer Gesäßmuskel	schwammartige Knochensubstanz	rumpffern
Zwerchfell	großer Brustmuskel	Brustbein	Schienbein
		Krümmung der Wirbelsäule zur Seite	Oberarmknochen

AB 23 Erkrankungen des Skelettsystems

1. Welche drei unterschiedlichen Bereiche beschäftigen sich mit den Erkrankungen und Verletzungen des Skelettsystems?

____

2. Nennen Sie vier Methoden, mit denen man Erkrankungen des Skelettsystems diagnostizieren kann.

______________________ ______________________

______________________ ______________________

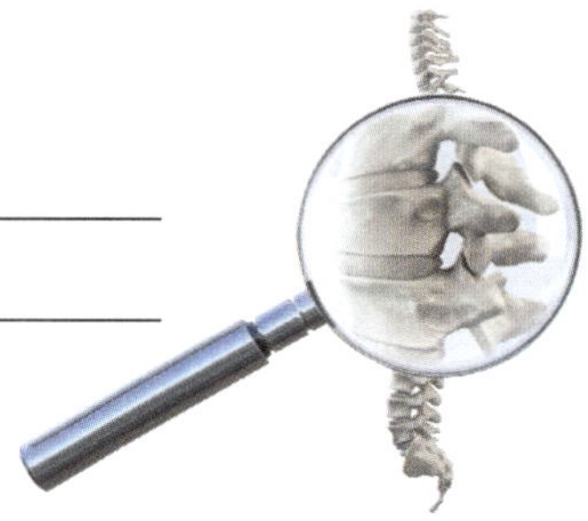

3. Viele Gelenk- und Knochenverletzungen haben gemeinsame Symptome. Nennen Sie drei Symptome.

____

4. Lösen Sie das Rätsel zu den Fachbegriffen für verschiedene Erkrankungen des Skelettsystems. Eine Zahl steht jeweils für den gleichen Buchstaben.

Nr.															
1	19	3	8	12	5	21	4	5	18	20	18	1	21	13	1
	plötzliche Biegung und Überstreckung, z. B. der Halswirbelsäule														
2	12	21	13	2	1	7	15								
	plötzlicher Schmerz im Bereich der Lendenwirbelsäule, Hexenschuss genannt														
3	18	21	16	20	21	18									
	Abriss eines Bandes vom Knochen aufgrund plötzlicher Gewalteinwirkung														
4	19	11	15	12	9	15	19	5							
	pathologische Krümmung der Wirbelsäule zur Seite														
5	12	21	24	1	20	9	15	14							
	ein Gelenkende verlässt seine physiologische Stellung														
6	4	9	19	20	15	18	19	9	15	14					
	Fachausdruck für die Überdehnung und Zerrung der Bänder														
7	11	15	14	20	21	19	9	15	14						
	häufig als Prellung bezeichnete Verletzung														
8	6	18	1	11	20	21	18								
	lateinischer Begriff für Knochenbruch														

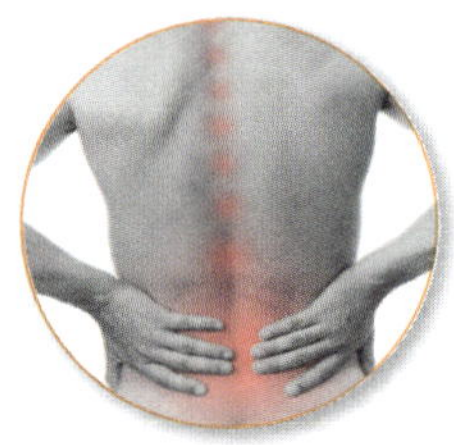

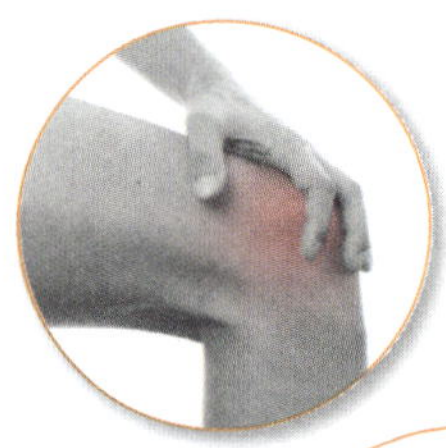

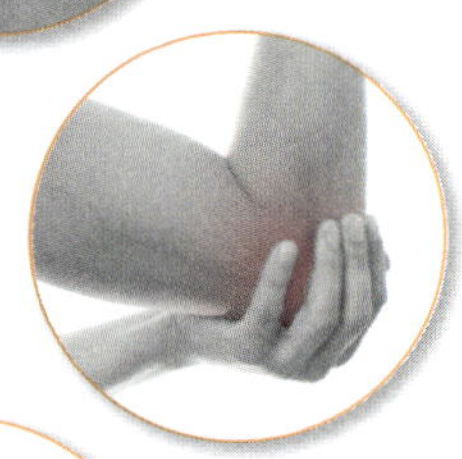

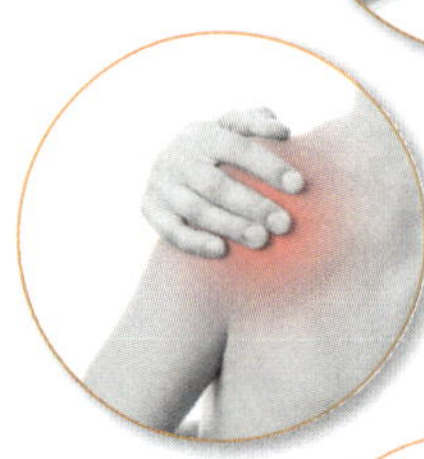

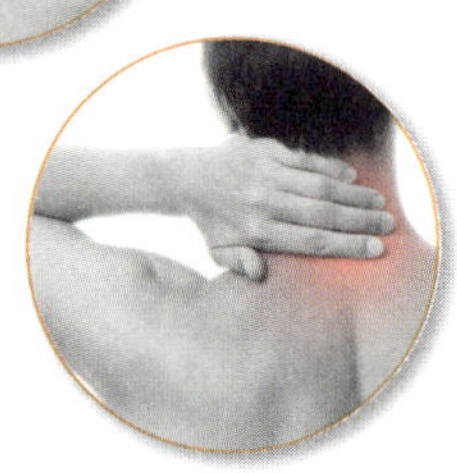

AB 24 Frakturen

1. Nennen Sie Ursachen für Knochenbrüche.

____

2. Ergänzen Sie die Tabelle zu den Arten von Knochenbrüchen.

Bezeichnung	Abbildung	Merkmal
	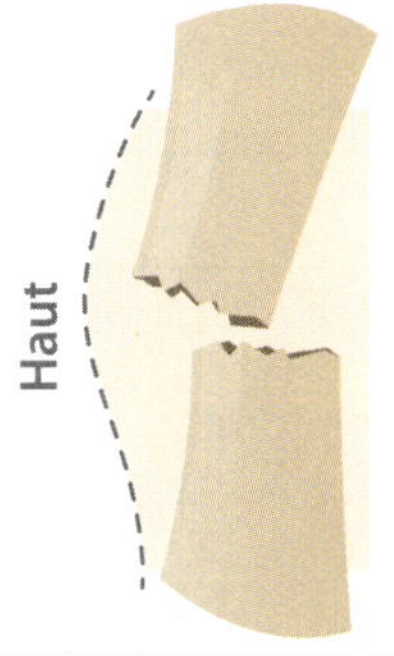	
	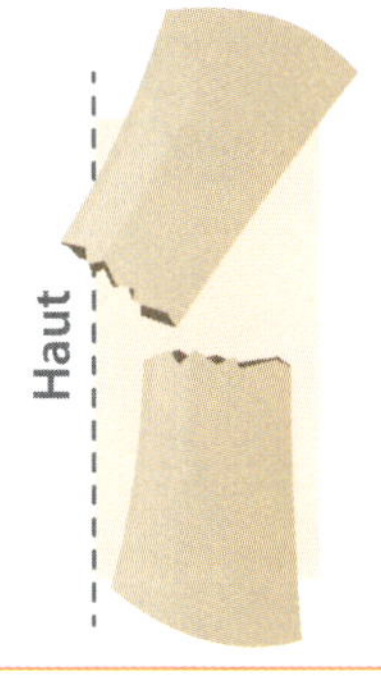	Komplikation:
	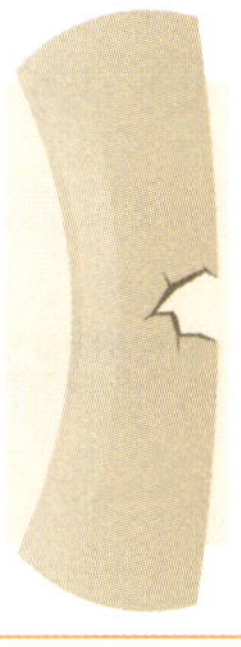	

3. Kreuzen Sie an, welche Symptome sichere Frakturzeichen sind.

- ○ abnorme Beweglichkeit
- ○ Übelkeit
- ○ Erbrechen
- ○ erhöhter Puls
- ○ Hämatome
- ○ Fehlstellung
- ○ sichtbare Knochenteile
- ○ Kopfschmerzen
- ○ Knochenreiben

AB 25 Frakturen, Bandscheibenvorfall, Schleudertrauma

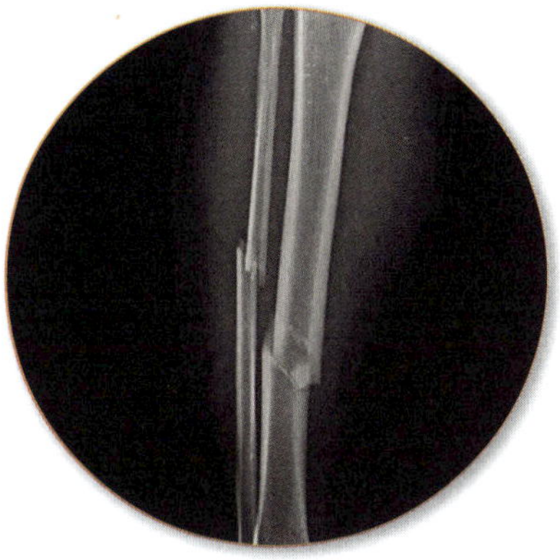

1. Ergänzen Sie die Lücken im Text.

Knochenbrüche können normalerweise mithilfe einer ____________________ diagnostiziert werden. Als ____________ werden die Knochenenden zunächst wieder in ihre ursprüngliche Position gebracht (Fachausdruck: _____________). Dann werden sie mithilfe von __________________ oder ________________________ fixiert. Bei der Heilung einer Fraktur bildet sich zunächst ein __________. Dies ist Bindegewebe, das von der Knochenhaut ausgeht und später verknöchert. Die _________________ ist von vielen Faktoren abhängig, z. B. vom Alter, von der Lokalisation des Bruches. Als __________________ können bei Kindern und Jugendlichen _______________________ auftreten, bei offenen Brüchen kann es zu _______________ kommen.

2. Ergänzen Sie die folgende Karteikarte zum Bandscheibenvorfall.

Bandscheibenvorfall

Ursache

Diagnostik

Symptome

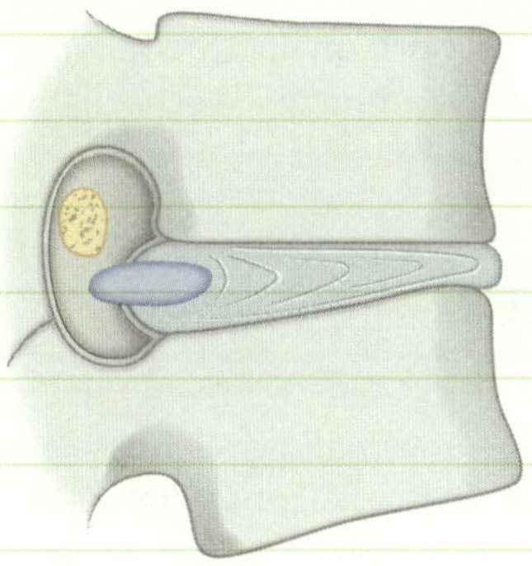

Therapie

3. Nennen Sie die Ursache, die Symptome und die Therapie eines HWS-Schleudertraumas.

Ursache	
Symptome	
Therapie	

AB 26 Osteoporose

1. Ordnen Sie die Informationen zur Osteoporose in den Kästchen den sechs Stichwörtern zu, indem Sie jeweils die entsprechende Ziffer einsetzen.

1 Definition

2 Ursachen/ Risikofaktoren

3 Symptome

4 Diagnostik

5 Therapie

6 Prävention

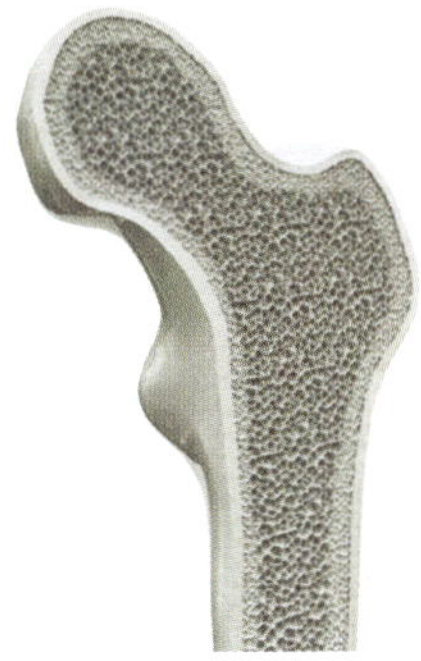

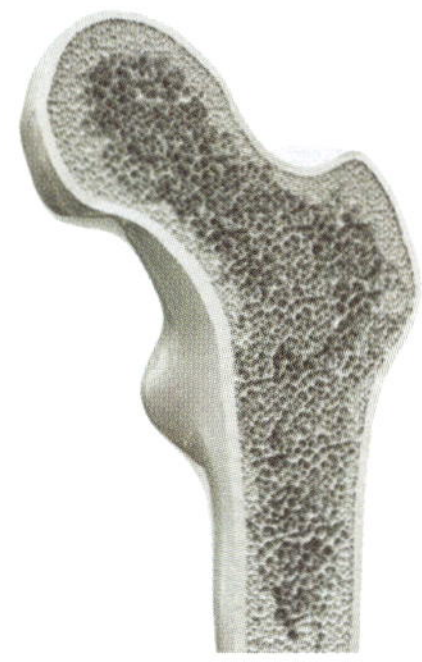

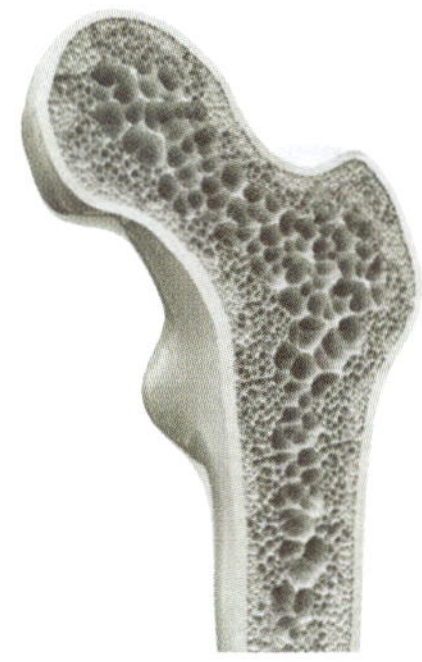

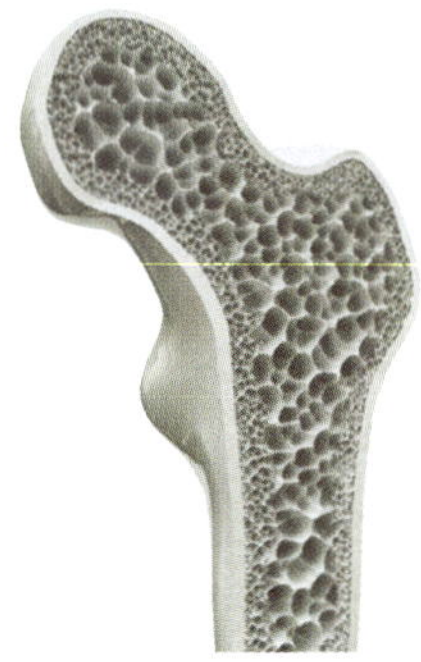

- ◯ Darmerkrankungen wie z. B. Morbus Crohn
- ◯ weibliches Geschlecht
- ◯ Bewegungseinschränkungen
- ◯ Akupunktur
- ◯ chronische Rückenschmerzen
- ◯ hormonelle Umstellung während der Wechseljahre
- ◯ hoch dosierte Kortisongaben
- ◯ übermäßiger Genuss von Kaffee, Alkohol, Zigaretten
- ◯ Gabe von Vitamin D
- ◯ Bewegungstherapie
- ◯ Bewegungsmangel
- ◯ Physiotherapie
- ◯ kalziumarme Ernährung
- ◯ kalziumreiche Ernährung
- ◯ viel Bewegung
- ◯ Tannenbaumphänomen
- ◯ Gabe von Bisphosphonaten
- ◯ Osteodensitometrie
- ◯ Verzicht auf phosphatreiche Lebensmittel
- ◯ Schilddrüsenüberfunktion
- ◯ Knochenschwund: Es wird mehr Knochengewebe abgebaut als aufgebaut, dadurch vergrößern sich die Markräume des Knochens.

AB 27 Arthrose, rheumatisch-entzündliche Krankheiten, rheumatoide Arthritis

1. Vervollständigen Sie die Mindmap zur Arthrose.

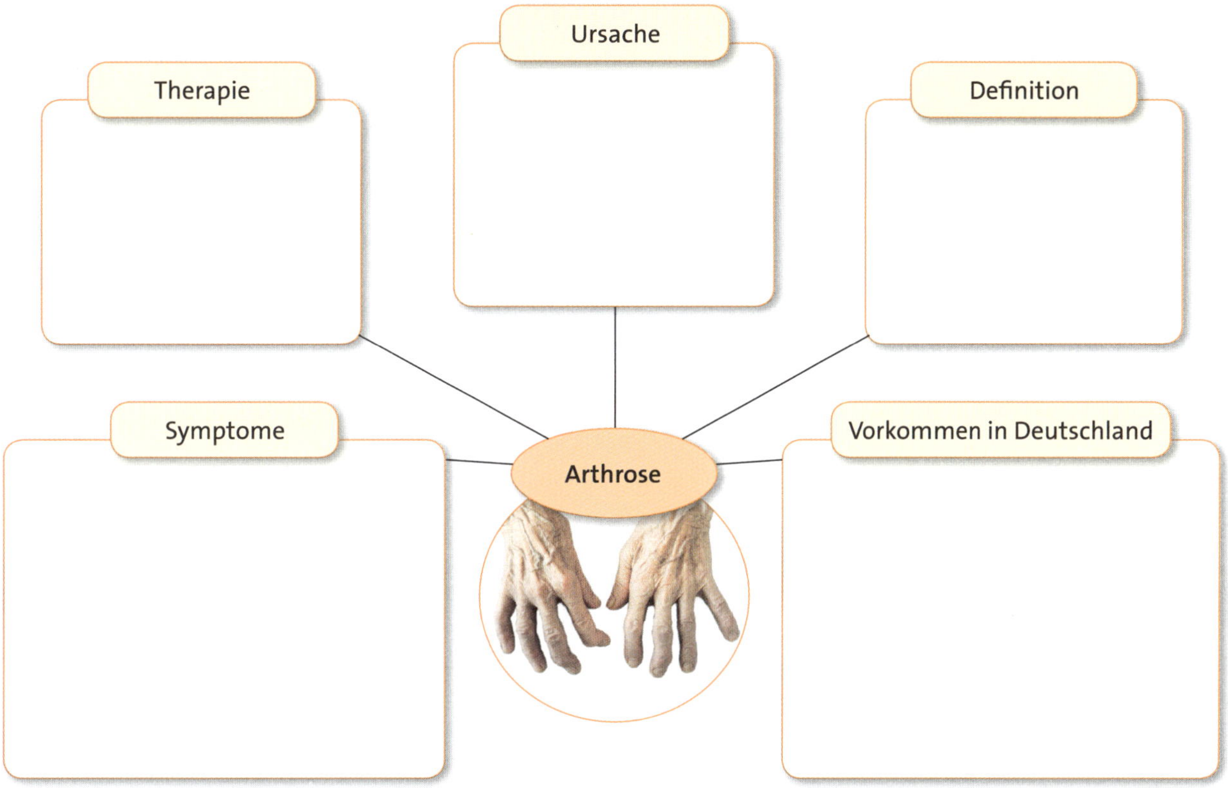

2. Kreuzen Sie die richtige/n Aussage/n zu den rheumatisch-entzündlichen Krankheiten und zur rheumatischen Arthritis an.

	rheumatisch-entzündliche Krankheiten (1 richtige Aussage)	
1	Es kommt zu Ergussbildungen in den Gelenken.	
2	Die rheumatisch-entzündlichen Krankheiten sind Erbkrankheiten.	
3	Bei rheumatisch-entzündlichen Krankheiten sind ausschließlich Gelenke betroffen.	
4	Im Frühstadium rheumatisch-entzündlicher Krankheiten werden die Knochen, die die befallenen Gelenke bilden, angegriffen und pathologisch verändert.	
5	Erst im Spätstadium rheumatisch-entzündlicher Krankheiten kommt es zu Ergüssen in den Gelenken.	

	rheumatoide Arthritis (R. A.) (2 richtige Aussagen)	
1	Bei dieser Krankheit sind bei Kindern und Jugendlichen hauptsächlich die kleinen Gelenke wie Finger- und Zehengelenke betroffen.	
2	Typische Symptome für das Vorliegen einer R. A. sind z. B. Morgensteifigkeit, Entzündung der Sehnenscheiden und Rheumaknoten.	
3	Als Therapie werden z. B. Kortison, Immunsuppressiva und Biologica verabreicht.	
4	Die R. A. ist eine akute Krankheit, die in den meisten Fällen ohne Komplikationen ausheilt.	
5	Männer sind von dieser Krankheit häufiger betroffen als Frauen.	
6	Es handelt sich um eine Erkrankung, die durch Bakterien ausgelöst wird.	

AB 28 Morbus Bechterew, Fibromyalgie, Fußfehlstellungen

1. Kreuzen Sie die richtigen Aussagen zu Morbus Bechterew und zur Fibromyalgie an.

	Morbus Bechterew (2 richtige Aussagen)	
1	Es handelt sich um eine chronische Entzündung der Wirbelgelenke.	
2	Männer sind häufiger von dieser Krankheit betroffen als Frauen.	
3	Bei dieser Krankheit kommt es zu einer erhöhten Beweglichkeit der Wirbelsäule.	
4	Im Verlauf der Krankheit kommt es zu einer ausgeprägten Kyphose.	
5	Der Thorax wird im Verlauf der Krankheit beweglicher.	
6	Die ersten Symptome sind Rückenschmerzen im Bereich der Halswirbelsäule.	

	Fibromyalgie (2 richtige Aussagen)	
1	Die Ursache dieser Erkrankung ist eine bakterielle Infektion, die nicht ausgeheilt ist.	
2	Es handelt sich um gelegentliche leichte Schmerzen im Bereich der Extremitäten.	
3	Bei dieser Krankheit sind besonders die Muskeln, Bänder und Sehnenansatzpunkte betroffen.	
4	Als Therapie sind Physiotherapie und Entspannungstechniken indiziert.	
5	Bei der Fibromyalgie gibt es viele auffällige Laborbefunde wie z. B. erhöhte Leukozytenkonzentrationen im Blut.	

2. Ordnen Sie den abgebildeten Fußfehlstellungen die Bezeichnung und die Beschreibung zu. Verbinden Sie durch Linien.

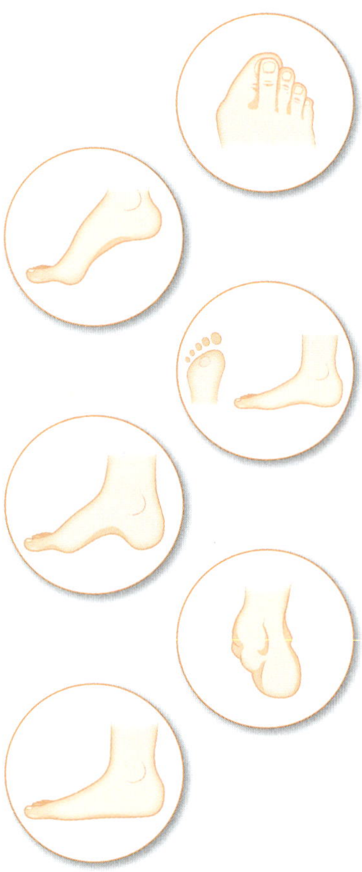

- Spitzfuß
- Hohlfuß
- Knickfuß
- Spreizfuß
- Plattfuß
- Hallux valgus

- Das Vorfußgewölbe ist eingesunken.
- Der Fuß hat ein ausgeprägtes Quergewölbe.
- Hierbei steht der Mensch nur auf dem Vorfuß.
- Der innere Fußrand ist abgesenkt, der äußere Fußrand angehoben.
- Die Großzehe ist zur Seite hin abgewinkelt.
- Der Fuß hat ein abgeflachtes Längsgewölbe.

AB 29 Fachworttrainer Erkrankungen des Skelettsystems

1. Im Anhang auf Seite 121 finden Sie Karten für dieses Wort-Domino. Schneiden Sie die einzelnen Dominokarten aus und legen Sie sie in der richtigen Reihenfolge aneinander.

Das geht so: Auf der rechten Seite der Dominokarte steht ein deutscher Begriff oder eine Erklärung. Suchen Sie jeweils die Karte mit dem passenden Fachbegriff oder der passenden Erklärung auf der linken Seite und legen Sie diese an. Beispiel: Der Begriff für „Knochenbruch“ ist „Fraktur“, also wurde diese Karte angelegt. Als nächstes suchen Sie nun den passenden Begriff für „Medikamente, die das Immunsystem unterdrücken“ und legen diese Karte links in die Reihe darunter usw. Die Erklärung auf der letzten Dominokarte in der letzten Reihe entspricht dem Fachbegriff auf der ersten Karte. Kleben Sie die Karten in der korrekten Reihenfolge auf dieses Arbeitsblatt.

Orthopädie	Knochenbruch	Fraktur	Medikamente, die das Immunsystems unterdrücken

AB 30 Ultraschalluntersuchungen

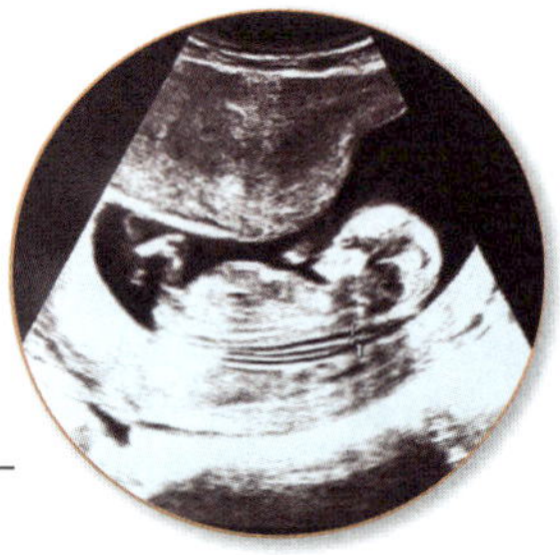

1. Nennen Sie die Vorteile einer Ultraschalluntersuchung.

2. Kreuzen Sie an, ob die Aussagen zur Sonografie richtig oder falsch sind.

		Richtig	Falsch
1	In der Medizin wird mit sehr niedrigen Schallfrequenzen gearbeitet.		
2	Das Kontaktgel dient der besseren Übertragung des Ultraschalls.		
3	Die reflektierten Schallwellen heißen Echo.		
4	Luftgefüllte Organe lassen sich mithilfe des Ultraschalls besonders gut untersuchen.		
5	Bei der Doppler-Sonografie kann z. B. der Blutstrom im Körper sichtbar gemacht werden.		
6	Bei der Dopplerechokardiografie wird das Herz untersucht.		
7	Sonografie und Endoskopie können nicht miteinander kombiniert werden.		

3. Warum muss die MFA bei jeder Ultraschalluntersuchung Kontaktgel und Zellstofftücher bereithalten?

4. Welche Regeln müssen bei der Sonografie der folgenden Organe beachtet werden?

Organe	Regel
Leber, Gallenblase, Bauchspeicheldrüse, Milz	
Harnblase	
Schilddrüse	

AB 31 Endoskopien

1. Lösen Sie das Kreuzworträtsel zu den Fachbegriffen für verschiedene Endoskopien. Bei richtiger Beantwortung ergibt sich in den farbig unterlegten Kästchen von oben nach unten gelesen ein Lösungswort.

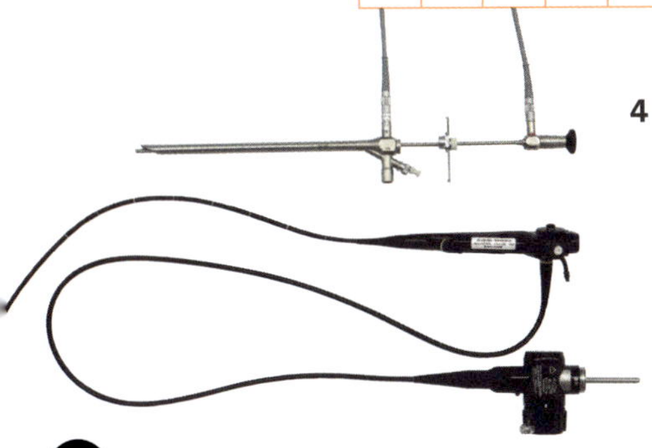

Lösungswort:

1	2	3	4	5	6	7	8	9	10	11	12	13	14	15

1 Untersuchung des Gehörgangs und des Trommelfells
2 Magenspiegelung
3 Spiegelung von Gelenken
4 Untersuchung des Analkanals und des Mastdarms
5 Nasenspiegelung
6 Bauchhöhlenspiegelung
7 Spiegelung des Kehlkopfes
8 Untersuchung des s-förmigen Darmabschnittes
9 Dickdarmspiegelung
10 Untersuchung des Bronchialsystems
11 Untersuchung der Scheidenschleimhaut und des Muttermundes
12 Untersuchung des Zwölffingerdarms
13 Harnblasenspiegelung
14 Spiegelung der Harnröhre
15 Spiegelung des Mastdarms

2. Nennen Sie Vor- und Nachteile von endoskopischen Untersuchungen

Vorteile	Nachteile

BEHANDLUNGSASSISTENZ

Lernfeld 4

AB 32 Röntgen

1. Ergänzen Sie die Kästen in der Mindmap zu den Röntgenstrahlen

Röntgenstrahlen

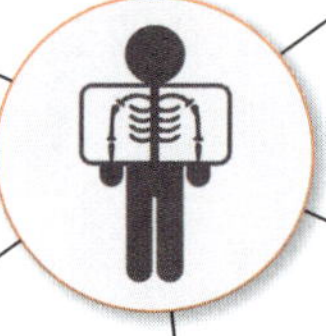

Anwendungsmöglichkeiten:

Entdecker der Strahlen:

Bezeichnung der Strahlen in anderen Ländern:

Eigenschaften:

Risiken:

Gewebe, die besonders empfindlich sind:

2. Welche Organe werden (normalerweise) ohne Kontrastmittel geröntgt?

____

____

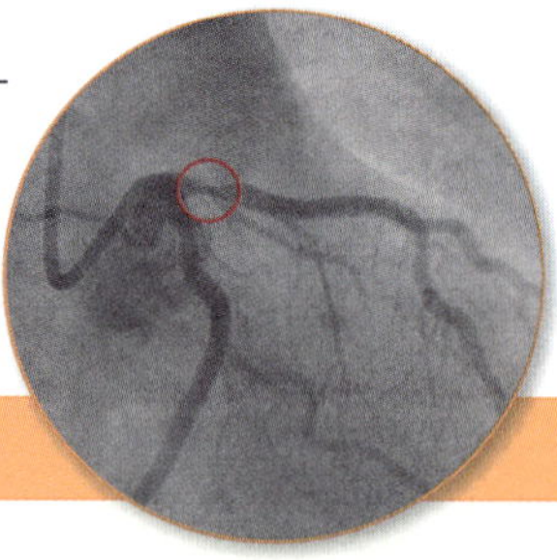

3. Erklären Sie, welche Organe bei den folgenden Röntgenuntersuchungen sichtbar gemacht werden können:

Bezeichnung	Organe
Kolon-Kontrasteinlauf	
Urografie	
Angiografie	
Koronarangiografie	
Osteodensitometrie	

AB 33 Szintigrafie, MRT, Strahlenschutz

1. Ergänzen Sie die Tabelle zur Szintigrafie und zum MRT.

Bezeichnung	Erklärung	Anwendungsbeispiele
Szintigrafie 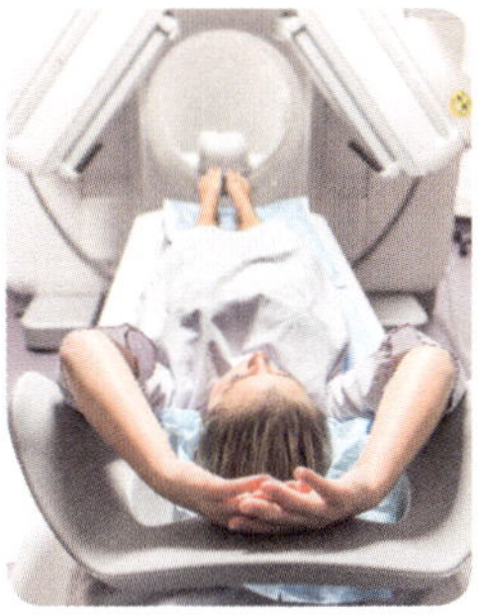		
Kernspintomografie (MRT) 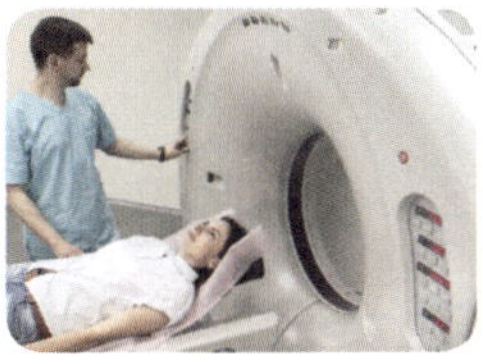		

2. Erklären Sie, wofür die drei A des Strahlenschutzes stehen.

A ______________________________

____

A ______________________________

____

A ______________________________

____

3. Schreiben Sie die Abkürzungen für die folgenden Untersuchungen aus.

Abkürzung	Ausgeschriebenes Wort
CT	
DSA	
MRT	
PET	
SPECT	

AB 34 Strahlenschutz

1. Kreuzen Sie bei den folgenden Aussagen an, ob sie richtig oder falsch sind.
Korrigieren Sie anschließend unter der Tabelle die falschen Aussagen.

	Aussage	Richtig	Falsch
1	Zu den Personen, die Röntgenbilder anfertigen dürfen, gehören unter anderem approbierte Ärzte mit Fachkunde im Strahlenschutz und MTRA mit staatlich anerkannter abgeschlossener Ausbildung.		
2	Wer Röntgenaufnahmen anfertigt, muss an einem Kurs zur Fachkunde im Strahlenschutz erfolgreich teilgenommen haben und seine Kenntnisse alle 10 Jahre in einem Auffrischungskurs aktualisieren.		
3	MFA und MTRA dürfen Röntgenaufnahmen anordnen, wenn sie eine medizinische Indikation angeben.		
4	Gebärfähige Frauen müssen vor röntgenologischen Untersuchungen gefragt werden, ob sie schwanger sind.		
5	Patienten müssen vor Röntgenaufnahmen über die Risiken der Strahlenbelastung informiert werden.		
6	Der Kontrollbereich ist der Röntgenraum in der Praxis, in dem Personen in einem Kalenderjahr eine Körperdosis von mehr als 6 mSv erhalten können.		
7	Der Überwachungsbereich ist der Bereich, in dem Personen in einem Kalenderjahr mehr als 10 mSv erhalten können.		
8	Personen, die sich im Kontrollbereich aufhalten, müssen Schutzkleidung tragen.		
9	Die Aufbewahrungsfristen betragen für Aufzeichnungen über Röntgendiagnostik 30 Jahre, über Strahlentherapie 10 Jahre.		
10	Der Röntgenpass wird dem Patienten ausgegeben, wenn dieser danach fragt.		
11	Medizinisches Personal muss das Dosimeter über der Schutzkleidung tragen.		
12	Das Dosimeter muss der Messstelle nach Ablauf eines Monat zur Kontrolle eingereicht werden.		
13	Personen, die in einer Röntgenpraxis arbeiten und dort Aufnahmen anfertigen, müssen mindestens einmal im Jahr unterwiesen werden. Sie müssen die Unterweisung unterschreiben.		

Korrekturen der falschen Aussagen.

Nr. So muss es richtig heißen.

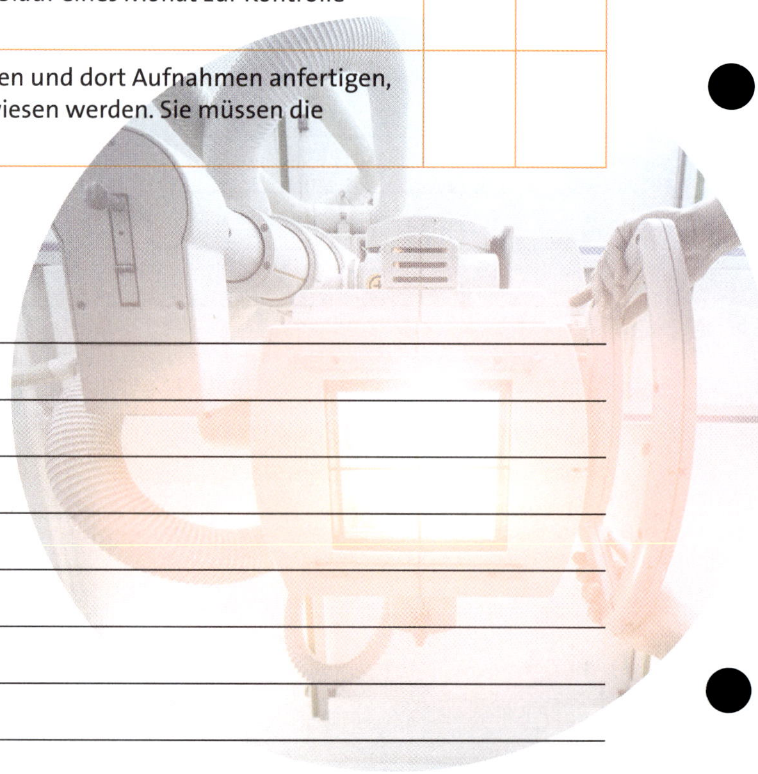

AB 35 Fachworttrainer apparative diagnostische Verfahren

1. Ordnen Sie die Fachbegriffe den deutschen Erklärungen bzw. Übersetzungen zu, indem Sie die Ziffern einsetzen. Ein Beispiel ist vorgegeben.

Nr.	Fachbegriff
1	Abdomen
2	Angiografie
3	Arthroskopie
4	Bronchoskopie
5	Computertomografie
6	Duodenoskopie
7	Embryo
8	Fetus
9	Gastroskopie
10	Koloskopie
11	Kolposkopie
12	Koronarangiografie
13	Laparoskopie
14	Laryngoskopie
15	Magnetresonanztomografie
16	Ophthalmoskopie
17	Otoskopie
18	Proktoskopie
19	Rektoskopie
20	Rhinoskopie
21	Sigmoidoskopie
22	Sonografie
23	Szintigrafie
24	Urografie
25	Zystoskopie

Erklärung	Nr.
Spiegelung des Bronchialsystems	
ungeborenes Kind ab dem 3. Schwangerschafts-monat	8
Spiegelung der Scheide	
Bauchraum	
Spiegelung des Gehörgangs und des Trommelfells	
Kehlkopfspiegelung	
Spiegelung des Mastdarms	
Zwölffingerdarmspiegelung	
Darstellung der Herzkranzgefäße	
Augenhintergrundspiegelung	
Darstellung der Gefäße	
Spiegelung des Analkanals und des unteren Abschnitts des Mastdarms	
Spiegelung des s-förmigen Teils des Dickdarms	
Gelenkspiegelung	
Untersuchung mithilfe von radioaktiven Substanzen	
Magenspiegelung	
Harnblasenspiegelung	
Spiegelung der Nasenhöhle	
Schichtaufnahmeverfahren mit hoher Strahlen-belastung	
Ultraschalluntersuchung	
Bauchhöhlenspiegelung	
Darstellung des Nierenbeckens und der Harnleiter	
ungeborenes Kind bis zum 3. Schwangerschafts-monat	
Untersuchung, bei der Magnetfelder benutzt werden	
Dickdarmspiegelung	

AB 36 Physikalische therapeutische Verfahren

1. Physikalische therapeutische Verfahren sind vielfältig. Ordnen Sie die einzelnen Therapieformen den Oberbegriffen zu, indem Sie die Begriffe in die Kästchen schreiben.

physikalische Therapie mithilfe von Aerosolen	physikalische Therapie mithilfe von Bewegung	physikalische Therapie mithilfe elektromagnetischer Strahlung	physikalische Therapie mithilfe von elektrischem Strom	physikalische Therapie mithilfe von Wasser

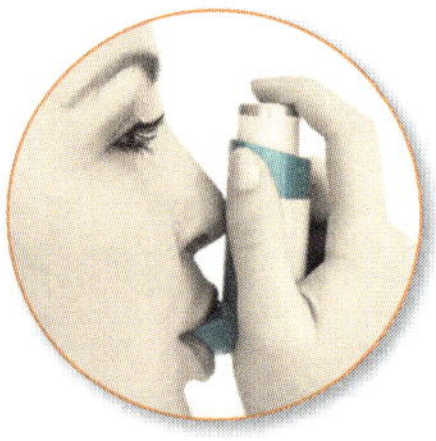

2. Ergänzen Sie die Angaben zur Wärmetherapie in der abgebildeten Karteikarte.

Wärmetherapie

Allgemeine Wirkung:

Indikationen:

Kontraindikationen:

Indikationen bei akuten Entzündungen:

Beispiele für trockene Wärme:

Beispiele für feuchte Wärme:

AB 37 Kältetherapie, Elektrotherapie

1. Ergänzen Sie im Text zur Kältetherapie die Lücken.

Kälte verengt ______________________, die Haut wird ______________________ durchblutet, Schwellungen und Schmerzen ______________________ sich. Körpereigene Entzündungsstoffe werden ______________________. Bei ______________________ können durch Kälte Blutungen verringert werden. Die Kälte muss ______________________ in den Körper eindringen, deshalb dauert eine Kältetherapie ______________________. Die Kälte darf nie direkt auf die ______________________ kommen, die Haut muss immer geschützt sein, z. B. durch Tücher.

2. Lösen Sie das Kreuzworträtsel zur Elektrotherapie. Die Buchstaben in den farbig unterlegten Kästchen ergeben von oben nach unten gelesen ein Lösungswort.

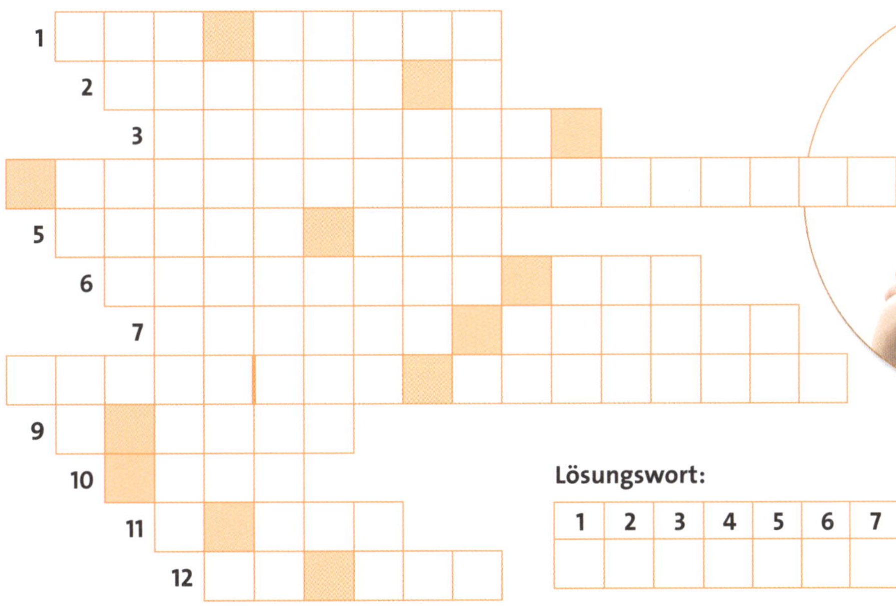

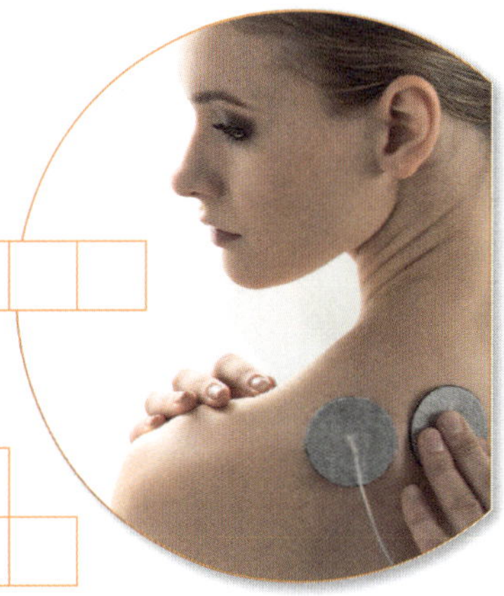

Lösungswort:

1	2	3	4	5	6	7	8	9	10	11	12

1 Fachausdruck für die verstärkte Durchblutung im Gewebe
2 Dies soll der Patient spüren, wenn er mit elektrischem Strom behandelt wird.
3 Fachausdruck für die schmerzlindernde Wirkung der Elektrotherapie
4 Elektrotherapie darf z. B. nicht bei Fieber oder akuten Entzündungen angewendet werden, es handelt sich hierbei um ...
5 Bei dieser Therapieform fließt der Gleichstrom mit winzigen Pausen in eine Richtung.
6 Bei dieser Therapieform werden Medikamente tief unter die Haut mithilfe von Gleichstrom eingebracht.
7 Diese Art der Elektrotherapie wird auch im Wasserbad angewendet.
8 Bei diesen Erkrankungen an der zu behandelnden Stelle darf Elektrotherapie nicht angewendet werden. (2 Worte)
9 Dies ist eine Kontraindikation für die Anwendung der Elektrotherapie.
10 Die Abkürzung steht für die Anregung der Nerven durch die Haut mithilfe von elektrischem Strom. Diese Therapie kann vom Patienten selbst durchgeführt werden.
11 Eine der positiven Wirkungen der Elektrotherapie
12 Wer Implantate aus diesem Stoff im Körper hat, darf nicht mit Elektrotherapie behandelt werden.

BEHANDLUNGSASSISTENZ

Lernfeld 4

AB 38 Elektrotherapie, Lichttherapie

1. Nennen Sie fünf Vorsichtsmaßnahmen bei der Elektrotherapie, die für den Patienten wichtig sind.

____

____

____

____

____

____

____

____

2. Eine besondere Form der Elektrotherapie ist die Hochfrequenz-Wärmetherapie (HF-Therapie). Welche beiden Methoden der HF-Therapie werden in der Praxis angewendet?

____

3. Welche Gewebearten werden bei der Kurzwellentherapie besonders gut erwärmt?

Methode	Gewebe
Kondensatorfeldmethode	
Spulenfeldmethode	

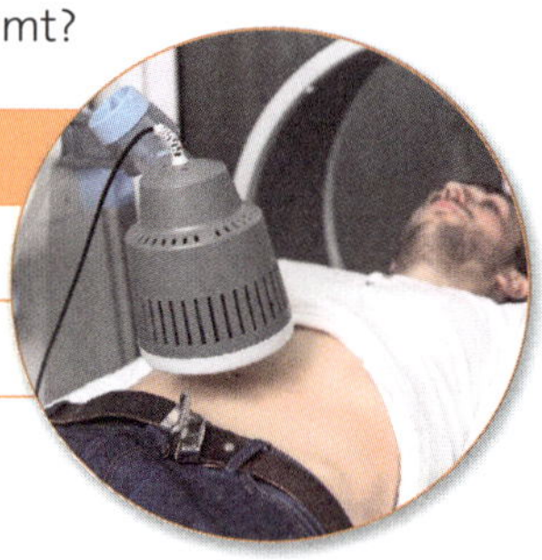

4. Welche Personen dürfen nicht mit HF-Therapie behandelt werden?

____

____

____

____

5. In den abgebildeten Kästchen finden Sie Aussagen zur Lichttherapie und zur UV-Therapie. Streichen Sie die falschen Aussagen durch.

- Sonnenlicht ist eine unsichtbare Strahlung.
- Infrarotstrahlung wird auf der Haut als warm empfunden.
- UV-Strahlung ist nicht sichtbar.
- UV-Strahlen erzeugen eine starke Wärmewirkung auf der Haut.
- Sonnenlicht wird z. B. bei Hautkrankheiten als Therapie eingesetzt.
- Die UV-A-Strahlung ist energiereicher als die UV-B-Strahlung.
- UV-B-Strahlung fördert die Vitamin-D-Bildung im Körper.
- UV-A-Strahlung wird z. B. in Solarien angewendet.
- Im Gebirge ist die UV-B-Strahlung geringer als im Flachland.
- UV-Strahlen können nicht überdosiert werden.

AB 39 Lasertherapie, Inhalationstherapie

1. Kreuzen Sie an, ob die Aussagen zur Lasertherapie richtig oder falsch sind.

	Richtig	Falsch
Laserstrahlen bestehen aus einer Wellenlänge.		
Laserstrahlen sind energiearm.		
Laserstrahlen werden z. B. zum Abtragen von Muttermalen verwendet.		
Laserstrahlen werden in der Augenheilkunde eingesetzt, z. B. zum Verschweißen der Netzhaut.		
Laserstrahlung hat die gleichen Eigenschaften wie natürliches Licht, z. B. Sonnenlicht.		

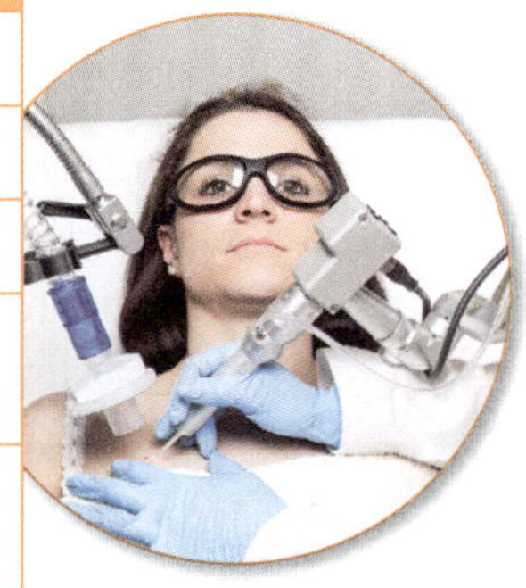

2. Nennen und beschreiben Sie die Therapieform, für die das hier abgebildete Gerät verwendet wird.

Bezeichnung: ____________________

Beschreibung: ____________________

____

3. Welche Erkrankungen können mit Inhalationen behandelt werden?

____

4. Was versteht man unter einem Dosieraerosol?

____

____

____

5. Nennen Sie die Wirkungen einer Inhalationstherapie.

- ____________________
- ____________________
- ____________________
- ____________________
- ____________________

6. Was ist der Vorteil einer Inhalationstherapie gegenüber einer oralen Therapie, z. B. mit Tabletten?

____

____

____

____

AB 40 Ultraschalltherapie; Fachworttrainer physikalische therapeutische Verfahren

1. Lesen Sie den Text zur Ultraschalltherapie durch und markieren Sie die falschen Aussagen. Korrigieren Sie die Aussagen in der Tabelle unter dem Text.

Für die Ultraschalltherapie werden die gleichen Geräte verwendet wie für die Diagnostik. Die Schallwellen erzeugen in den oberflächlichen Gewebsschichten winzige Schwingungen, die man Mikrovibrationen nennt. Diese Mikrovibrationen erzeugen Reibung und dadurch erwärmt sich das Gewebe. Die Durchblutung wird verringert, die Muskulatur entspannt sich. Die Ultraschalltherapie kann z. B. bei akuten entzündlichen und degenerativen Erkrankungen eingesetzt werden. Hierzu gehören z. B. Rheuma, Tennisellenbogen und Sehnenscheidenentzündungen. Bestimmte Körperregionen dürfen nicht mit Ultraschall behandelt werden, z. B. das Herz, die Leber und die Milz. Auch Blutgerinnungsstörungen, Osteoporose, Thrombosen und bösartige Tumore sind Indikationen für die Behandlung.

Zeile	Korrektur

2. Fachworttrainer: Tragen Sie für die Beschreibungen die deutsche Übersetzung bzw. den Fachbegriff ein.

Fachbegriff	Beschreibung
	Medikament, das als kleinste feste oder flüssige schwebende Teilchen eingeatmet wird.
	Schmerzfreiheit
	Behandlung mit den Händen
	Behandlung, bei der schwacher Gleichstrom durch den Körper geleitet wird.
	Behandlung mit elektromagnetischen Wellen mit einer Frequenz von über 100 000 Hz
	verstärkte Durchblutung im Gewebe

Beschreibung	Fachbegriff
In den Körper eingesetztes ‚Ersatzteil' für ein Organ oder Organteil, das nicht mehr funktioniert.	
Einatmung von Medikamenten	
Behandlung, bei der mithilfe von Gleichstrom Medikamente durch die Haut in den Körper eingebracht werden.	
chirurgische Behandlung mit Kälte	
Lichtstrahlen mit einer einzigen Wellenlänge mit hoher Lichtenergie	
mit der Hand	
Vernichten von z. B. Krankheitserregern durch bestimmte Leukoyztenarten	
nicht hörbarer Schall ab einer Frequenz von über 16 000 Hz	

AB 41 Injektionen, Injektionstechniken

1. Bei Injektionen wie auch bei Infusionen werden Medikamente unter Umgehung des Magen-Darm-Traktes in den Körper des Patienten verabreicht. Worin liegt der Unterschied zwischen einer Injektion und einer Infusion?

___

___

2. Nennen Sie Vorteile und Risiken von Injektionen.

Vorteile	Risiken

3. Injektionen werden mithilfe von Spritzen verabreicht. Beschriften Sie die abgebildete Spritze.

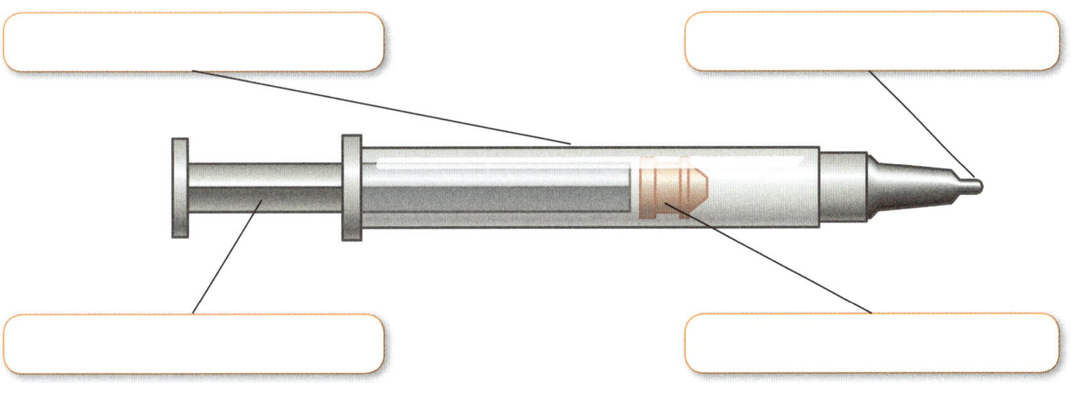

4. Es gibt unterschiedliche Injektionstechniken. Füllen Sie die Lücken in der Tabelle.

	Bezeichnung	Abkürzung	Wohin wird injiziert?
1			in die Arterie
2	intraarticulär	– –	
3	intracutan		
4	intramuskulär		
5		i.v.	
6		s.c.	

AB 42 Injektionsarten, Regeln und Fehler bei Injektionen

1. In der Abbildung sehen Sie verschiedene Injektionsarten. Beschriften Sie diese.

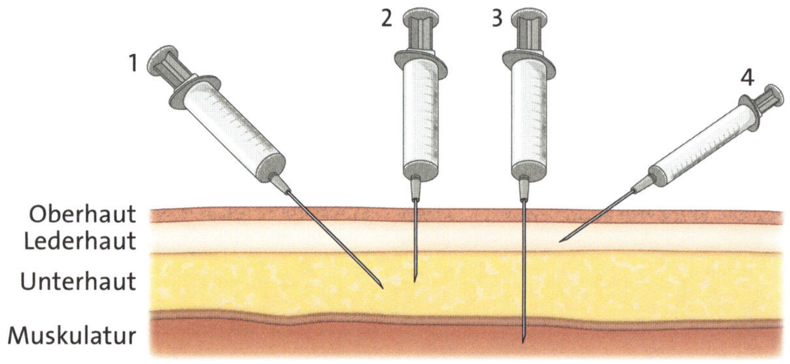

1	
2	
3	
4	

2. Vervollständigen Sie die Sätze mit den Regeln zur Vorbereitung einer Injektion.

Die Ampulle mit dem Arzneimittel muss z. B. auf Verfärbungen und Trübungen ____________________ ____________. Im Kopf der Ampulle ______________________________.

Beim Öffnen einer Brechampulle schützt man Daumen und Zeigefinger mit ____________________.

Wenn der Ampullenhals zerbricht, muss die Ampulle ______________________________ ______________________________.

Zum Aufziehen der Injektionslösung nimmt man eine Kanüle, die man ____________________ ______________________________.

Luft in der Spritze muss vorsichtig herausgedrückt werden, bis ____________________ ______________________________.

Vor der Injektion setzt man ______________________________.

Die Schutzkappe wird nach der Injektion ______________________________.

3. Welche Folgen kann ein Fehler bei folgenden Injektionen haben?

intra-muskuläre Injektion	
intra-venöse Injektion	
sub-cutane Injektion	

AB 43 Injektionen s.c. und i.m.

1. Sie sollen eine subcutane Injektion vorbereiten und durchführen. Setzen Sie die vorgegebenen Sätze in der korrekten Reihenfolge in das abgebildete Ablaufschema ein.

| Arzneimittel langsam injizieren | Einstichstelle evtl. mit einem Pflaster versorgen | Einwirkzeit abwarten, währenddessen Handschuhe anziehen | | Hände desinfizieren | Haut des Patienten desinfizieren | | Haut im Winkel zwischen 45 und 90 Grad punktieren | | Kanüle herausziehen | Materialien bereitlegen | | mit Daumen und Zeigefinger eine Hautfalte bilden | | mit einem Tupfer leicht auf die Einstichstelle drücken | | nach der Injektion Kanüle noch 10 Sekunden in der Haut lassen | Spritze vorbereiten |

1

2

3

4

5

6

7

8

9

10

11

12

2. Sie sollen eine i.m.-Injektion vorbereiten und bitten die Auszubildende in Ihrer Praxis, alle Materialien bereitzulegen. Kontrollieren Sie die Materialien und streichen Sie durch, was man nicht für eine i.m.-Injektion benötigt.

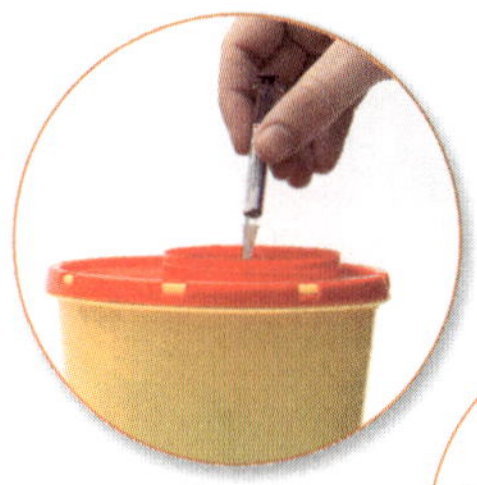

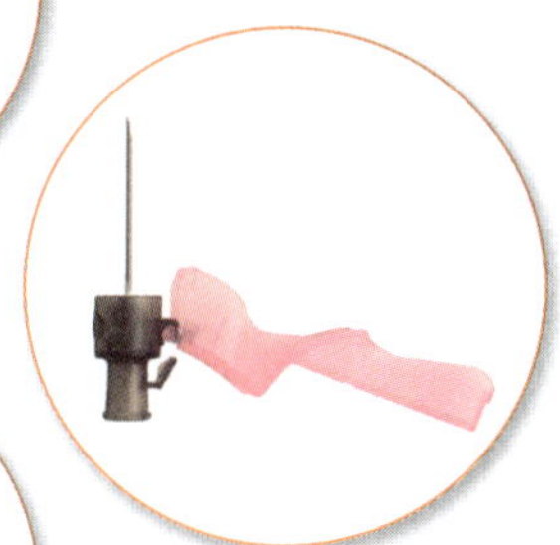

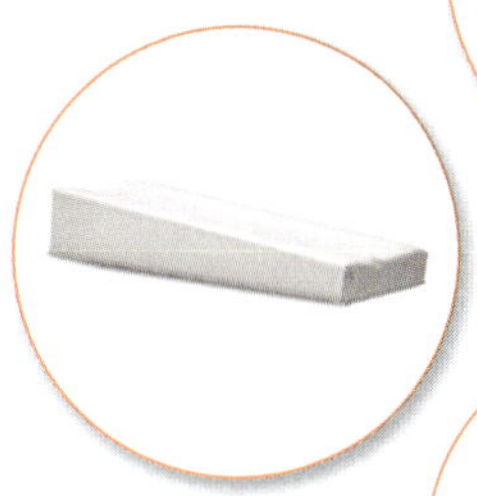

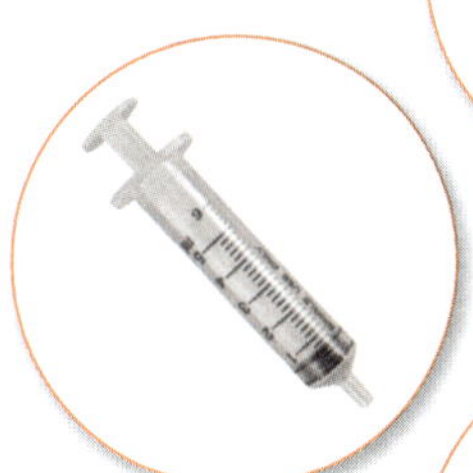

AB 44 Injektionen nach von Hochstetter, Injektionen i.v.

1. Kontrollieren Sie, ob die Aussagen zur i.m.-Injektion nach von Hochstetter korrekt sind oder nicht. Korrigieren Sie falsche Aussagen unter der Tabelle.

		Richtig	Falsch
1	Die i.m.-Injektion nach von Hochstetter heißt auch ventrogluteale Injektion.		
2	Die Injektion ist nur am stehenden Patienten möglich.		
3	Um die Einstichstelle zu finden, tastet man mit dem Zeigefinger nach dem unteren vorderen Darmbeinstachel und geht mit dem Mittelfinger am Beckenkamm entlang.		
4	Man injiziert in das Hautviereck, das durch Zeige- und Mittelfinger begrenzt wird.		
5	Die Spritze wird fast senkrecht eingestochen.		
6	Man aspiriert, um sich zu überzeugen, dass man kein Gefäß getroffen hat.		
7	Man injiziert das Mittel schnell und zieht die Kanüle langsam aus dem Gewebe.		
8	Man führt mit dem Tupfer über der Einstichstelle kreisende Bewegungen durch, um das Medikament im Gewebe zu verteilen.		

Zeile	Korrektur

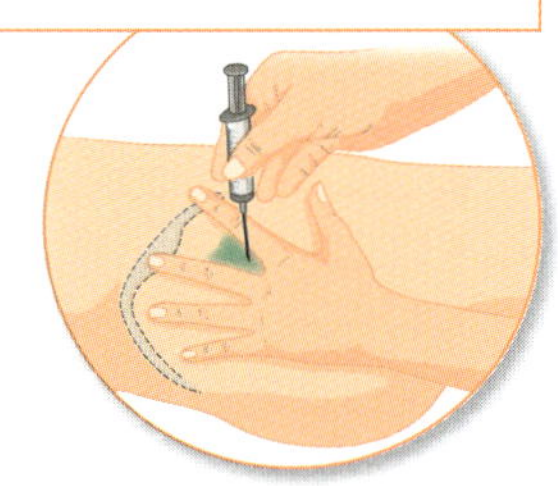

2. Lösen Sie das Silbenrätsel zur i.v.-Injektion.

| ar | be | ben | bin | ckern | de | des | fek | fen | fer | Haut | in | Keil | kis | klop | lo | nen | o | Pflas | ruck | sen | Stau | ter | tion | tig | Tup | Ve |

1 ______________________
Diese Gefäße im Bereich der Arme werden für die i.v.-Injektion am häufigsten benutzt.

2 ______________________
Es hilft, den Arm, der punktiert werden soll, stabil zu lagern.

3 ______________________
Wenn man das Gefäß nicht sehen oder ertasten kann, kann dieses Vorgehen helfen.

4 ______________________
Sie wird etwa 5 cm oberhalb der Einstichstelle angelegt.

5 ______________________
Sie muss vor dem Punktieren durchgeführt werden, um das Risiko einer Infektion zu vermeiden.

6 ______________________
Der Anschliff der Kanülenspitze muss in diese Richtung zeigen.

7 ______________________
Wenn man das Gefäß getroffen, hat, muss man dies mit der Staubinde machen.

8 ______________________
So muss man die Kanüle nach der Injektion herausziehen.

9 ______________________
Hiermit drückt man nach der Injektion auf die Einstichstelle.

10 ______________________
Dies erhält der Patient nach der Injektion.

AB 45 6-R-Regel und Hygiene bei der Injektion, Durchführung einer Infusion

1. Was besagt die 6-R-Regel der Injektion? Ergänzen Sie.

6-R-Regel

- Richtiger ____________________
- Richtiges ____________________
- Richtige ____________________
- Richtige ____________________
- Richtiger ____________________
- Richtige ____________________

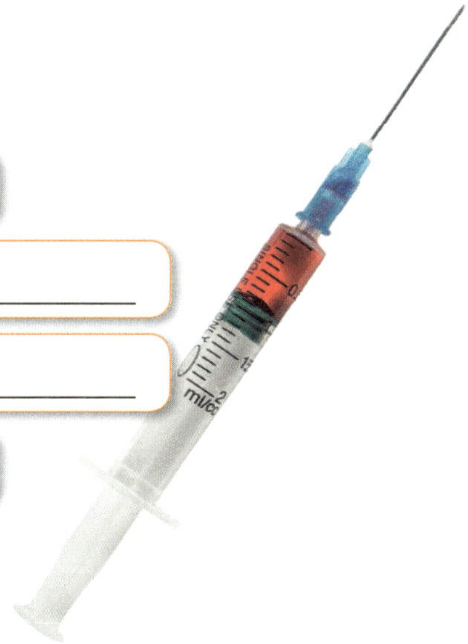

2. Warum ist das Einhalten der 6-R-Regel so wichtig?

____

____

3. Welche Hygienemaßnahmen müssen Sie als MFA vor, während und nach einer subcutanen oder intramuskulären Injektion beachten?

Vor der Injektion	
Während der Injektion	
Nach der Injektion	

4. Nennen Sie Indikationen für die Durchführung einer Infusion.

____

____

____

____

____

____

____

____

____

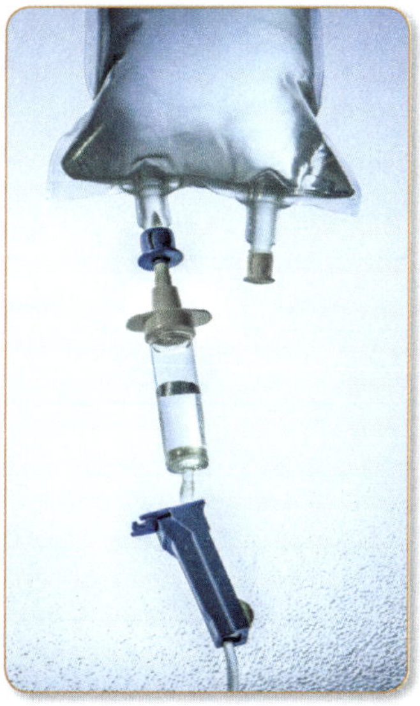

AB 46 Materialien für eine Infusion, Risiken einer Infusion

1. Benennen Sie die Materialien, die man zur Vorbereitung und Durchführung einer Infusion benötigt.

		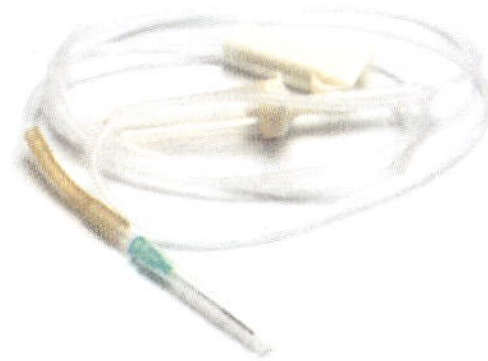	
		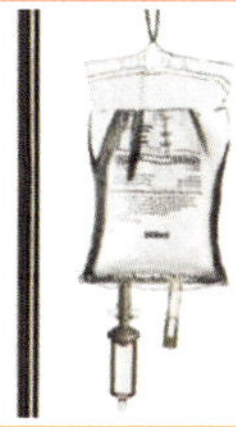	
		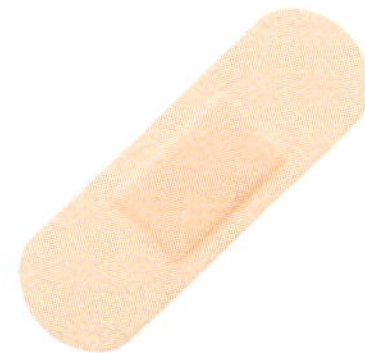	
		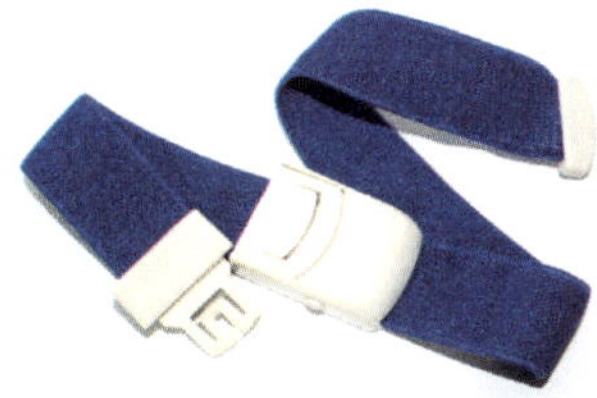	
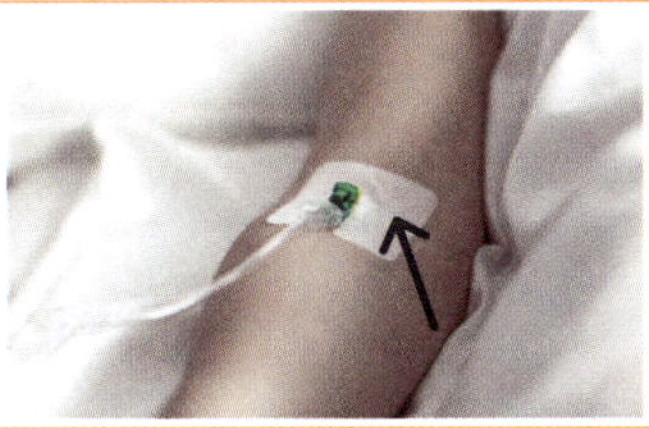			
		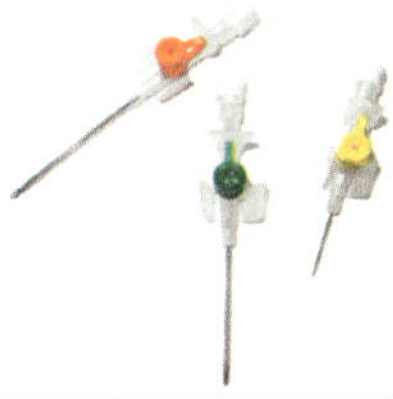	

2. Nennen Sie mögliche Risiken einer Infusion.

AB 47 Fachworttrainer Injektion und Infusion

1. Lösen Sie das Rätsel zu den Fachbegriffen. Gleiche Ziffern bedeuten gleiche Buchstaben.
Ä = ae, Ö = oe, Ü = ue

Nr.															Hinweis
1	9	14	10	5	11	20	9	15	14						Einspritzung
2	18	5	3	1	16	16	9	14	7						englischer Begriff für das Überstülpen des Kanülenschutzes nach einer Injektion
3	19	21	2	3	21	20	1	14							unter die Haut
4	1	19	16	9	18	1	20	9	15	14					Ansaugen einer Substanz, z. B. um festzustellen, dass man kein Gefäß getroffen hat
5	11	1	14	21	5	12	5								Hohlnadel
6	9	14	20	18	1	3	21	20	1	14					in die Haut
7	9	14	20	18	1	13	21	19	11	21	12	1	5	18	in das Muskelgewebe
8	9	14	20	18	1	1	18	20	5	18	9	5	12	12	in eine Schlagader
9	6	9	24	9	5	18	16	6	12	1	19	20	5	18	spezielles Befestigungsmaterial für eine Dauerkanüle
10	22	5	14	20	18	15	7	12	21	20	5	1	12		andere Bezeichnung für die Injektion nach von Hochstetter
11	5	12	5	11	20	18	15	12	25	20	5				Mineralstoffe
12	11	15	14	21	19										Ansatzstück einer Spritze für die Kanüle
13	16	21	14	11	20	9	15	14							Einstich in Körpergewebe
14	1	13	16	21	12	12	5								kleines Glas- oder Kunststofffläschchen für Medikamente
15	9	14	20	18	1	22	5	14	15	5	19				in die Vene

AB 48 Verbandsarten

1. Füllen Sie die Lücken im Text zu den Aufgaben von Verbänden.

Verbände schützen vor ________________. Sie halten ________________ und üben ________________ auf Blutungen aus. Bei Venenerkrankungen ________________ sie die Gefäße und sorgen so für eine ________________. Bei Gelenk- oder Knochenverletzungen ________________ sie und sorgen für eine ________________.

2. Ordnen Sie die Aussagen den Verbandarten zu. Verbinden Sie durch Linien.

zur Abdeckung von Wunden

Beispiel: Pflaster

Druckverband

Beispiel: elastische Binde

Gips-/Kunststoff-verband

wird bei Venenerkrankungen verwendet

Heilmittel-verband

dient zum Stützen, z. B. nach einer Gelenkverletzung

Beispiel: Tape

Kompressions-verband

wird zum Verabreichen von Arznei-mitteln verwendet

Schutzverband

Dient der Blutstillung

Stützverband

sterile Wundauflage, Druckpolster

Beispiel: Salbenverband

wird nach Knochenbrüchen angelegt

AB 49 Verbände anlegen, Heil- und Hilfsmittel

1. Nennen Sie Regeln für die Größe, das Anlegen und das Entfernen von Bindenverbänden.

____

____

____

____

____

____

____

____

____

____

2. Tragen Sie die Bezeichnungen für die abgebildeten Verbände ein. Üben Sie die Verbände mit einer Partnerin.

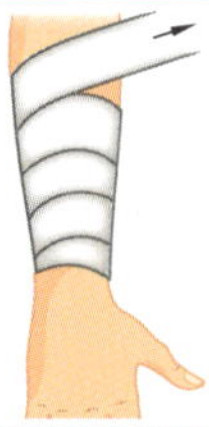		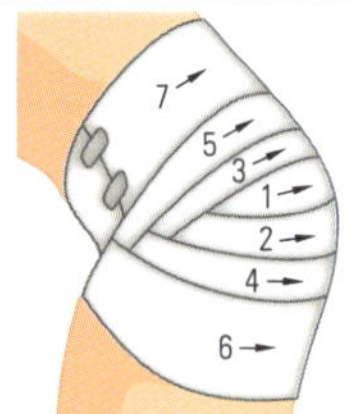

3. An welchen Körperstellen setzt man Schlauchverbände ein?

____

4. Was versteht man unter einem Heilmittel und was unter einem Hilfsmittel?

____

____

____

____

5. Kreuzen Sie an, ob es sich um ein Heilmittel oder Hilfsmittel handelt.

	Heilmittel	Hilfsmittel
Physiotherapie		
Gehstock		
Inhalationsgerät		
Pflegebett		

	Heilmittel	Hilfsmittel
Hörgerät		
Logopädie		
Prothesen		
Ergotherapie		

AB 50 Arzneimittel

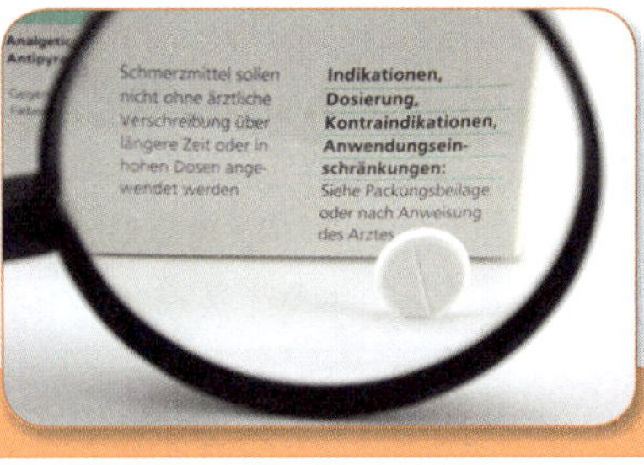

1. Erklären Sie die folgenden Begriffe, die häufig im Zusammenhang mit Arzneimitteln genannt werden.

Begriff	Erklärung
Applikation	
Hauptwirkung	
Indikation	
Kontraindikation	
Nebenwirkung	
Wechselwirkung	

2. Ordnen Sie den Arten von Arzneimitteln die Aussagen zu. Verbinden Sie durch Linien.

- Beispiele sind Tees oder Vitaminpräparate.
- Beispiele hierfür sind Opiate.
- Sie dürfen nur gegen Vorlage eines Rezeptes in der Apotheke abgegeben werden.
- Für ihre Abgabe gelten strenge Vorschriften.

- rezeptpflichtige Arzneimittel
- frei verkäufliche Arzneimittel

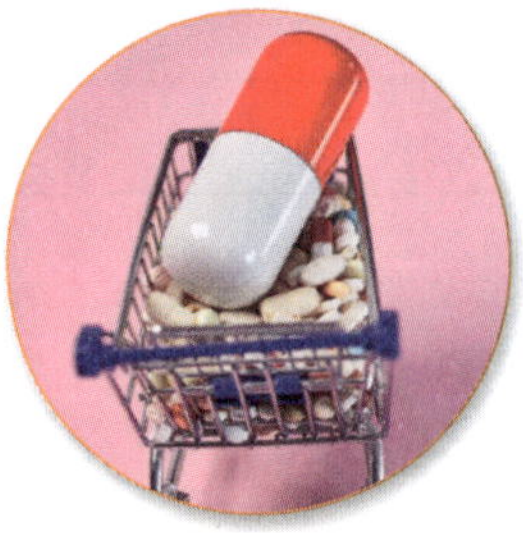

- Betäubungsmittel
- apothekenpflichtige Arzneimittel

- Sie müssen auf einem Kassen- oder einem Privatrezept verordnet werden.
- Sie können in Drogerien verkauft werden.
- Sie können nur in der Apotheke, aber ohne Vorlage eines Rezeptes gekauft werden.
- Sie müssen auf einem Betäubungsmittelrezept verordnet werden.

AB 51 Arzneimittelformen, Applikationsarten, Nebenwirkungen

1. Finden Sie 15 verschiedene Arzneimittelformen im Rätselfeld.

T	A	B	L	E	T	T	E	E	R	A	M	U	T	S	P	A	L
I	B	A	Ö	F	N	D	R	A	G	E	E	U	T	E	U	R	O
N	M	A	S	T	E	I	N	T	P	R	I	E	G	E	L	O	L
K	Ä	M	U	M	A	N	D	E	L	O	R	A	N	G	V	E	T
T	U	E	N	S	T	I	C	E	R	S	M	E	N	S	E	S	C
U	H	Z	G	O	N	O	R	S	E	O	O	L	S	I	R	U	P
R	I	G	A	R	C	H	E	M	U	L	S	I	O	N	E	S	E
X	T	R	A	S	U	P	M	E	R	B	A	E	S	E	I	P	N
T	Z	Ä	P	F	C	H	E	N	R	A	L	B	E	N	R	E	I
I	E	N	A	K	O	S	M	E	T	I	B	K	S	C	G	N	U
L	E	T	S	A	N	T	K	A	P	S	E	L	T	E	E	S	L
W	R	E	T	S	O	N	S	T	I	G	E	S	R	E	Z	I	P
T	W	I	E	R	K	U	G	U	M	Z	T	P	O	I	Ä	O	M
Ö	A	S	E	R	T	Z	U	I	O	P	Ü	Ö	L	K	J	N	G

2. Ordnen Sie die Arzneimittel den Applikationsarten zu. Kreuzen Sie an.

	Salbe	intravenöse Injektion	Tablette	Puder	Pflaster	Inhalation	Infusion	Hustensaft	Augentropfen
lokale Applikation									
enterale Applikation									
parenterale Applikation									

3. Nennen Sie mögliche Nebenwirkungen von Arzneimitteln.

	Nebenwirkung(en)
Herz-Kreislauf-System	
Verdauungssystem	
Nervensystem	
Blut	
Psyche	
Überempfindlichkeitsreaktionen	
Schädigungen von Ungeborenen	

AB 52 Umgang mit Arzneimitteln

1. Sie sollen Ihrer neuen Auszubildenden die Regeln für den Umgang mit Arzneimitteln in der Arztpraxis nennen. Nutzen Sie dafür die Sprechblasen.

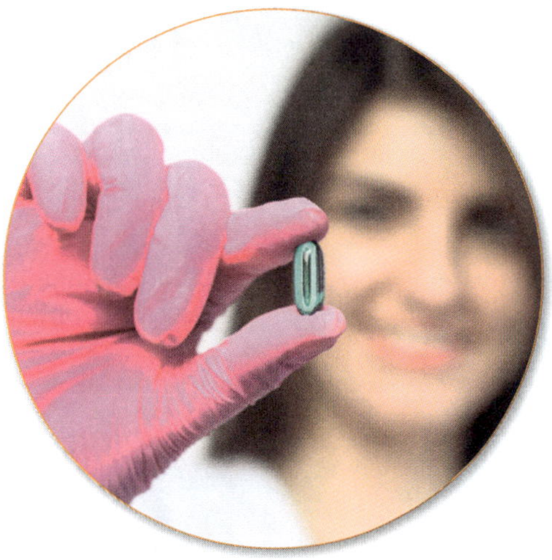

AB 53 Fachworttrainer Arzneimittelgruppen; alternative Arzneimitteltherapien

1. Ordnen Sie die Fachbegriffe für die Arzneimittelgruppen den deutschen Erklärungen zu, indem Sie jeweils den richtigen Fachbegriff und den entsprechenden Buchstaben in die beiden rechten Spalten eintragen. Bei richtiger Beantwortung ergibt sich von oben nach unten gelesen ein Lösungswort.

	Fachbegriff	Deutsche Erklärung für das Medikament	Fachbegriff	Lösung
T	Antirheumatika	gegen Schmerzen		
N	Antibiotika	zur Neutralisation der Magensäure		
I	Antihypertonika	gegen Allergien		
M	Antikoagulanzien	gegen bakterielle Infektionen		
T	Psychopharmaka	gegen Diabetes mellitus		
Z	Antiallergika	gegen zu hohen Blutdruck		
A	Analgetika	zur Hemmung der Blutgerinnung		
T	Antiphlogistika	gegen Pilzerkrankungen		
G	Expectorantia	gegen Entzündungen		
R	Antazida	gegen rheumatische Erkrankungen		
Z	Sedativa	gegen Husten		
E	Mukolytika	zur Förderung der Harnausscheidung		
I	Antimykotika	zur Förderung des Abhustens von Schleim		
E	Antidiabetika	gegen die Empfängnis (‚Verhütungsmittel')		
E	Kontrazeptiva	gegen Verstopfung		
E	Antitussiva	zur Schleimlösung bei festsitzendem Husten		
S	Laxantia	zur Behandlung seelischer Krankheiten		
L	Diuretika	zur Beruhigung		

2. Ordnen Sie die alternativen Arzneimitteltherapien den Erklärungen zu, indem Sie die Ziffern einsetzen.

1	2	3	4	5
Akupunktur	Bach-Blüten-Therapie	Homöopathie	Phytotherapie	Schüssler-Salze
Diese Therapiemethode behandelt den Menschen ganzheitlich. Die verabreichten Substanzen werden stark verdünnt.	Es handelt sich um die Behandlung mit pflanzlichen Wirkstoffen.	Es werden Pflanzenblüten in verschiedenen Kombinationen verwendet, bekannt sind die sogenannte Notfalltropfen.	Durch die Verabreichung verschiedener Salze, wie z. B. Kieselsäure, soll der Stoffwechsel wieder normalisiert werden.	Nadeln werden an Körperstellen eingestochen, sie stimulieren Nervenzellen, sodass z. B. Schmerzen gelindert werden.

Lösungskarten zum Ausschneiden für Lernfeld 1, Arbeitsblatt 7, Seite 11

Arbeitsstätten-verordnung	Arbeitszeit-gesetz	Bundesurlaubs-gesetz
Einstellung von Betriebsärzten und Sicherheits-fachkräften	Grundlagen des Unfallschutzes	Produkt-sicherheits-gesetz
Schwer-behinderten-schutz	DGVU-Vorschriften oder berufsgenossen-schaftliche Vorschriften	zuständig: Berufsgenossen-schaften

Dominosteine zum Ausschneiden für Lernfeld 1, Arbeitsblatt 10, Seite 14/15

Arbeitsschutzvorschriften	Haftung aus dem Behandlungsvertrag
Ärztekammer	Jugendarbeitsschutzgesetz
Ausbildungsordnung	Kassenärztliche Vereinigung
Ausbildungsvertrag	Mutterschutzgesetz
Berufsbildungsgesetz	Pflichten der/des Auszubildenden
BGB	Pflichten des Ausbilders/der Ausbilderin
Bundeselterngeldgesetz	Schweigepflicht
Datenschutz	Sorgfaltspflicht
DGVU-Vorschriften oder berufsgenossenschaftliche Vorschriften	unerlaubte Handlung/Delikthaftung
Elternzeitgesetz	VmF

Dominosteine zum Ausschneiden für Lernfeld 2, Arbeitsblatt 2, Seite 17

-algie
-ektomie
endo-
-gen
hyper-
hypo-
intra-
-itis
-logie
-ose
-pathie
prä-
re-
-skopie
-zid

Dominosteine zum Ausschneiden für Lernfeld 4, Arbeitsblatt 29, Seite 89

Arthroskopie	Fachgebiet der rheumatischen Erkrankungen
Biologica	Verrenkung
chronische Polyarthritis/ rheumatoide Arthritis	chronisch-entzünd- liche, schubhafte Gelenkerkrankung
Distorsion	chronisches Schmerz- syndrom an Muskeln und Bändern
Fibromyalgie	Fachgebiet des Bewegungs- systems
Fraktur	Medikamente, die das Immunsystems unterdrücken
Hallux valgus	Bänderriss
Immun- suppressiva	Knochendichte- messung
Kontusion	biotechnisch hergestellte Medikamente

Lumbago	Abwinkelung der Großzehe zur Seite
Luxation	Gebiet für unfallbedingte Verletzungen
Morbus Bechterew	Quetschung
Orthopädie	Knochenbruch
Osteodensitometrie	Gelenkspiegelung
Rheumatologie	Hexenschuss
Ruptur	pathologische seitliche Krümmung der Wirbelsäule
Skoliose	chronisch-entzünd- liche Erkrankung der Wirbelgelenke
Traumatologie	Verstauchung